EVA-MARIA FAHMÜLLER

NEUE DRAMATURGIEN

Zwischen Monomythos,
Storyworld und Serienboom

Über die Autorin

Eva-Maria Fahmüller studierte Neuere Deutsche Literatur und Philosophie an der Philipps-
Universität Marburg und der Freien Universität
Berlin. Sie promovierte über postmoderne Strömungen in der deutschen Literatur um 1990.

Seit 2000 arbeitet sie als freie Dramaturgin für
Film und Fernsehen. Sie ist außerdem als Dozen-
tin tätig unter anderem an der Filmuniversität Babelsberg Konrad Wolf und
der Master School Drehbuch, die sie 2009 als Inhaberin übernahm. Dort veranstaltet sie zahlreiche Aus- und Weiterbildungsangebote für Drehbuchautoren und Stoffentwickler wie das knapp viermonatige Vollzeit-Programm
„Ausbildung zum Autor für Film & TV" mit jeweils circa 20 Dozenten und
Gästen.

Eva-Maria Fahmüller ist seit 2007 Vorstandsmitglied, seit 2016 Vorsitzende
von VeDRA, dem Verband für Film- und Fernsehdramaturgie e.V. Sie ist Mit-
veranstalterin der Tagung FILMSTOFFENTWICKLUNG und verantwortet dort
unter anderem die Gesprächsreihe „Neue Dramaturgien".

AUS FREUDE AM DENKEN!
Schriften zu dramaturgischen und filmwissenschaftlichen Aspekten

Die Master School Drehbuch bietet seit 1995 Seminare und Lehrgänge in den
Bereichen Drehbuchschreiben und Dramaturgie an.

Der stets angeregte Austausch unserer Dozentinnen und Dozenten über
verschiedene dramaturgische und filmwissenschaftliche Aspekte war unsere Motivation, im Jahr 2015 die Master School Drehbuch EDITION zu gründen und Texte unterschiedlicher Länge zunächst als eBooks in digitaler Form
zu publizieren. Seit Herbst 2017 sind einige dieser Schriften auch als Print-
Version erhältlich.

Es ist unser Ziel, unseren Gedanken und Überlegungen in einem eigenen Ver-
lag ein Forum zu bieten. Es macht uns Freude, tiefer in bestimmte dramaturgische und filmwissenschaftliche Themen einzusteigen.

Leserinnen und Lesern bieten unsere Texte einen kompakten und übersicht-
lichen Zugang. Einzelne dramaturgische und filmwissenschaftliche Aspekte
werden intensiv und prägnant beleuchtet.

EVA-MARIA FAHMÜLLER

NEUE DRAMATURGIEN

Zwischen Monomythos,
Storyworld und Serienboom

master school drehbuch ⬤⬤⬤ EDITION

Mit Dank an Herbert Fustermanns, Hildegard und Hans Fustermanns,
Frauke Schmickl, Corinna Fischer-Elert, Roland Zag, Oliver Schütte

Bibliografische Information der Deutschen Nationalbibliothek
Die Deutsche Nationalbibliothek verzeichnet diese Publikation in der
Deutschen Nationalbibliografie; detaillierte bibliografische Daten sind im
Internet über *http://dnb.d-nb.de* abrufbar.

Deutsche Originalausgabe
Master School Drehbuch EDITION
© 2017 Master School Drehbuch e.K., Berlin
Wartenburgstraße 1 B
D-10963 Berlin
0049 (0)30 325 38 355
www.masterschool.de
info@masterschool.de
Alle Rechte vorbehalten

Layout und Satz: Edgar Lange
Lektorat: Doris Schemmel
Mitarbeit: Sabine Wucyna
Herstellung und Vertrieb: BoD – Books on Demand, Norderstedt
ISBN: 978-3-946930-00-6 (Print-Version)
ISBN: 978-3-946930-01-3 (ePUB-Version)

INHALT

„O ihr Verfertiger allgemeiner Regeln, wie wenig versteht ihr die Kunst, und wie wenig besitzt ihr von dem Genie, das die Muster hervorgebracht hat, auf welche ihr sie bauet, und das sie übertreten kann, sooft es ihm beliebt!" (G.E. Lessing)

Lessing, G.E.: Hamburgische Dramaturgie. Stuttgart 1999, S. 248
(Erster Band, 48. Stück).

VORWORT VON ANDRÉ GEORGI

Filmdramaturgie hat in Deutschland einen schweren Stand. Ihre Kritiker[1] belächeln sie, weil sie mit den Plot- und Strukturmodellen, die die Filmdramaturgie bereitstellt, eine Art „Malen nach Zahlen" verbinden – standardisierte Rezepte, die immer ähnliche Resultate hervorbringen. Filmdramaturgie, so das gängige Vorurteil, ist kreativitätstötend, einseitig rational und normativ. Sie ist nämlich – irgendwo zwischen Handwerk und Wissenschaft angesiedelt – immer empirisch und hinkt deshalb der tatsächlichen dramaturgischen Entwicklung, die – zumal im „Golden Age" des TV – bisweilen rasant ist, notwendigerweise hinterher.

In diesem Vorurteil steckt ein kleines Körnchen Wahrheit, weil die Gurus der (boomenden und) kompetitiven amerikanischen Dramaturgieszene ihre aus einem großen Kanon an (Fernseh-)Filmen deduzierten Rezepte gerne mit einem Hang zum Normativen verbreiten.

Und in diesem Vorurteil steckt noch ein etwas größeres Körnchen Wahrheit, weil die Filmdramaturgie gerade dann, wenn sie sich bemüht, nicht einfach doktrinär zu setzen, wie Qualität zu erreichen sei, tatsächlich zutiefst empirisch und deshalb also jederzeit falsifizierbar ist: Jede neue Fernsehserie, jeder neue Film und – etwas evolutionärer gedacht – jede Entwicklung

---

[1] Im Folgenden wird abwechselnd die weibliche oder die männliche Form genannt. Gemeint sind dabei immer beide Geschlechter.

in mittleren Zeiträumen kann widerlegen, was zuvor dramaturgischer Standard war. Zum Beispiel wurde noch vor zehn Jahren zumindest für die Hauptfigur eine „Backstorywound", ein Ghost oder ein Trauma gefordert, aus dem heraus die Figur zu verstehen sei. Inzwischen reagieren das Publikum und die Dramaturgie selbst häufig nur noch genervt, wenn der (Fernseh-)Film mal wieder am Glöckchen „Backstorywound" der Figur klingelt. Was einst fast ein Dogma war, ist heute (fast) ein No-Go, ein leergelaufenes Schema, ein abgenutzter Trick. Filmdramaturgische Erkenntnisse überleben sich häufig genau deshalb, weil sie so gut waren und entsprechend häufig in der Stoffentwicklung umgesetzt wurden – bis ihre Qualität ins Gegenteil kippt.

Trotz dieses Fünkchens Wahrheit ist der antirationale und antinormative Affekt, den Filmdramaturgie häufig hervorruft, nicht plausibel. Wer mit Stoffentwicklung zu tun hat, arbeitet auf dem Boden dramaturgischer Standards – implizit oder explizit. Warum mir ein Stoff gefällt oder warum ich ihn in diese oder jene Richtung entwickle, hat – neben Fragen des persönlichen Geschmacks – mit dramaturgischen Entscheidungen zu tun, deren Grundlagen mir bewusst sein können oder eben nicht. Sehr viel besser aber ist es, Zugang zu den dramaturgischen Kriterien (und übrigens auch zu denen des eigenen Geschmacks) zu haben, nach denen ich entscheide. Andernfalls ist die Gefahr der (unbewussten) Wiederholung des Immergleichen wesentlich größer.

Einen noch schwereren Stand als die Filmdramaturgie selbst haben es in Deutschland die Filmdramaturginnen. Warum das so ist? Vielleicht ist den Sendern und/oder Produzenten eine Filmdramaturgin zu teuer. Vielleicht hat man den Eindruck, dass schon genug Leute und Meinungen am runden Tisch mit den Keksen sitzen. Und vielleicht denken auch viele von ihnen, sie wüssten aufgrund ihrer Ausbildung oder Praxis ohnehin, was Filmdramaturgen wissen. Denn das ist das heimliche Schicksal der Filmdramaturgie, mit dem sie leben muss: Alle denken, sie verstünden etwas davon. Tatsächlich artikulieren alle aber nur ihre Bauchgefühle, Geschmacksurteile, senderpolitische No-Gos, Budgetprobleme, Regiestile oder Besetzungsversprechen und halb verdauten Intuitionen – und verwechseln sie mit Dramaturgie.

Eva-Maria Fahmüller ist eine Dramaturgin, die wirklich etwas von ihrem Geschäft versteht – theoretisch und praktisch. Ihr Buch ist up to date, denn es löst sich vom Standard und zeigt die Richtungen auf, die in Zukunft relevant sein werden. Es hilft nicht nur den Filmdramaturginnen, ganz neue Diskussionen zu führen. Es hilft auch der Filmdramaturgie selbst, die auf dem Weg ist, sich von einer manchmal ominösen Ratgeberliteratur hin zur Wissenschaft zu bewegen und sich neu zu finden. Wenn Syd Fields Buch *Screenplay* 1979 das Inaugurationsdatum der eigentlichen Filmdramaturgie war, die nach großen Ansätzen zur Figurendramaturgie bei Linda Seger und den großen Plotstrukturmodellen der Heldenreise und der 3-Akt-Struktur einen ersten großen Höhepunkt in der 8-Sequenz-Methode von Frank Daniel und seinen Adepten erreicht hat, wird die Filmdramaturgie heute, um ihren 40. Geburtstag etwa, so langsam erwachsen.

Besonders stark hat sich in den letzten Jahren die Dramaturgie der Figur entwickelt. Dramaturgien des seriellen Erzählens und Dramaturgien des Erzählens in Hyperlink-Strukturen schließlich stehen vor dem Problem, dass das Material, das sie reflektierend auf den Begriff bringen wollen, in seiner schieren Masse quasi explodiert. Es ist äußerst schwierig, all das im Blick zu behalten und dramaturgisch zu erfassen, ohne bekannte Rezepte einfach nur wiederzukäuen.

Eva-Maria Fahmüller gibt uns einen Leitfaden an die Hand – komplex genug, um von den großen (und manchmal grandiosen) Universalisten Truby und McKee, mit denen die Post-Frank-Daniel'sche Phase der Filmdramaturgie zu Ende geht, nicht zerquetscht zu werden. Aber auch zukunftsweisend und pointiert genug, um der Filmdramaturgie einen Platz an all den runden Tischen mit den Keksen zu sichern, an denen Stoffentwicklungsprozesse ablaufen. Und schließlich praxisrelevant und anregend genug, um der Filmdramaturgie einen Platz an den eckigen Schreibtischen mit den Monitoren zu sichern, an dem wir – die Autorinnen und Autoren – nach dem suchen, was wir alle zu finden hoffen und fast nie erreichen: Eine Geschichte, so originell, dass sie die Filmdramaturgie wiederum zum Umdenken zwingt.

EINBLICK

Seit einigen Jahren ist bei Kreativen, Macherinnen, Vermarktern und Zuschauerinnen eine Umbruchsituation spürbar. Auf Tagungen und Festivals, in Blogs und Feuilletons wird darüber diskutiert, wie sich die Film- und Fernsehbranche den aktuellen Herausforderungen stellen kann. Dabei geht es um eine Sehnsucht nach innovativen deutschen Kinofilmen. Allgegenwärtig sind außerdem Themen rund um transmediale Welten, Pay-TV und sogenannte Quality- oder High-End-Serien.

Viele der neuen Aufgaben sind mit der Digitalisierung verknüpft. Doch nicht nur technische, sondern auch gesamtgesellschaftliche Veränderungen spielen bei der Suche nach zeitgemäßen Geschichten eine Rolle: Ein individuell gestalteter Medienkonsum, die wachsende Vielfalt und Gleichzeitigkeit von Ereignissen sowie die Suche nach Identität im Kontext von vereinzelten und gleichzeitig digital vernetzten Lebenswelten haben Einfluss auf Inhalte und Formen des Erzählens.

Einige Filme und Serien spiegeln die Umbruchsituation bereits. Die praktische Dramaturgie hat neue Perspektiven entdeckt. Damit hat sie allerdings die Theorie überholt. Denn eine Diskussion über die Hintergründe und Möglichkeiten dieses Wandels findet erst in Ansätzen statt. Die Zahl der Drehbuchratgeber wächst nach wie vor – doch beschreiben auch neue Handbücher meist altbekannte Überlegungen – von einer Hauptfigur, einem dem Want und Need vergleichbaren Antrieb und einem an das

Drei-Akt-Modell oder die Heldenreise angelehnten Plot. Demgegenüber werden zeitgemäße Aspekte, die der aktuellen Entwicklung geschuldet sind, nur vereinzelt genannt.

Angesichts dessen scheint es geboten, den Stand der dramaturgischen Schriften zu reflektieren, Leerstellen aufzudecken und neue Ansätze auszuloten.

In Anlehnung an meine Gesprächsreihe „Neue Dramaturgien" bei der Tagung FilmStoffEntwicklung[2] werde ich in diesem Text die drei zurzeit maßgeblichen, aber in der Dramaturgie noch nicht intensiv genug betrachteten Veränderungen erörtern. Mehr als grob skizzieren lassen sich die aufgezeigten Gesichtspunkte in diesem Rahmen nicht. Allerdings arbeite ich jeweils eine Richtung heraus, in die weitergedacht werden könnte.

Um das große Feld der Dramaturgie zumindest ein Stück einzugrenzen, beziehe ich mich vor allem auf den deutschsprachigen Raum, das heißt auf das, was aus dramaturgischer Sicht hierzulande gelesen, diskutiert, entwickelt und produziert wird. Viele weitere Überlegungen zu den einzelnen Themen, genauso wie zu weiteren dramaturgischen Leerstellen sind möglich. Einen Anspruch auf Vollständigkeit kann es nicht geben.

Die wichtigsten Schritte:

1. AKT:

Eine eingeschränkte dramaturgische Perspektive ist entstanden durch die Einheitsdramaturgie der 90er Jahre, die sich vornehmlich auf Interpretationen der aristotelischen Poetik und die Heldenreise bezieht. Die Differenzierungen und Psychologisierungen der „New School" brechen diese nur ansatzweise auf.

---

2   „FilmStoffEntwicklung – Tag der Dramaturgie" wird alle zwei Jahre vom Verband für Film- und Fernsehdramaturgie e.V. (VeDRA) in Berlin veranstaltet.

2. AKT:

Abweichende Aspekte werden von den gängigen Dramaturgien noch nicht ausreichend erfasst und bedürfen einer zeitgemäßen Betrachtung. Die maßgeblichen Entwicklungen in drei Kapiteln sind zum Ersten: Figuren – Ambivalenz und Empathie, zum Zweiten: Transmedia – Raum und Zeit sowie zum Dritten: Erzählmuster – Genre und Stil.

Zum Verständnis der einzelnen Themen dienen mir Konzepte aus der Film- oder Literaturwissenschaft, der Semiotik, dem Bereich der Game Studies oder der filmischen Praxis. Daraus werden Überlegungen zum Weiterdenken abgeleitet. Jedes Kapitel beschreibt aber auch vorhandene Ansätze aus der Dramaturgie. Welche Modelle gibt es? Wie umfassend sind sie? Worauf können sie keine Antwort geben?

Unter dem Stichwort „Panorama" gehe ich jeweils noch auf die gesellschaftliche Dimension des Themas ein, erlaube mir eine kurze, subjektive Kritik des deutschen Film- und Fernsehmarktes und benenne weitere dramaturgische Möglichkeiten.

3. AKT:

Zumindest bei der Entwicklung von Quality-Serien ist die Praxis der Dramaturgie weit voraus. Denn alle hier genannten theoretischen Aspekte finden ihre Entsprechung im zeitgemäßen seriellen Erzählen. Allerdings verliert der Serienboom in mancher Hinsicht bereits wieder an Innovationskraft. Ganz am Ende steht deshalb die Frage, inwieweit sich das Erzählen insgesamt verändert hat.

Meine Reflexionen münden in einen Gedanken: Es scheint aus vielerlei Gründen angebracht zu sein, Filmgeschichten gezielter zu nutzen, um die Imagination des Zuschauers anzuregen.

Des Weiteren hoffe ich auf mehr Vielfalt – bei dramaturgischen Über-
legungen, aber auch im Kino und Fernsehen, bei Filmen und Serien.
Der deutsche Markt braucht starke Visionen und starke Geschichten.
Vielleicht inspiriert der ein oder andere neue Blickwinkel in diesem
Text Dramaturginnen, Autoren und andere Stoffentwicklerinnen dazu,
neue Ansätze in ihrer praktischen Arbeit zu bedenken, innovative
Herangehensweisen zu finden oder gängige Erzählweisen konsequenter
auszuschöpfen.

Es ist meine Überzeugung, dass wir bislang – trotz Plot Points, Beats
und Steps, Desire, Dilemma und Human Factor – erst teilweise verstanden
haben, welche Wirkung Filmgeschichten weshalb ausüben. Jede weitere
Überlegung ist inspirierend. Es ist mein Ziel, die Leserinnen und Leser dieses Textes für weitere Ansatzpunkte in der Dramaturgie zu sensibilisieren.

Für mich bedeutet es die größte Freude, in einem Beruf zu arbeiten, der
die Möglichkeit bietet, das eigene Wissen und Verständnis unentwegt zu
erweitern. Die Suche nach neuen dramaturgischen Perspektiven und das
Schreiben an diesem Text hat auch meine praktische Arbeit als Dramaturgin bereichert.

1. AKT

Die neueren filmischen Entwicklungen scheinen vor allem die Vielfalt zu fördern: Auffällig ist die thematische wie ästhetische Bandbreite internationaler, modern erzählter Serien wie GAME OF THRONES, HOUSE OF CARDS oder DIE BRÜCKE; daneben existiert die interaktive Welt der Games mit Geschichten, die sich besonders für ein transmediales Storytelling eignen; im öffentlich-rechtlichen Fernsehen dominieren Krimiserien und TV-Movies; in der deutschen Kinoproduktion lässt sich eine Kluft feststellen zwischen publikumsstarken Kinokomödien wie FACK JU GÖHTE und WILLKOMMEN BEI DEN HARTMANNS sowie einer Fülle von kleinen Produktionen mit einer jeweils begrenzten Zielgruppe. Nur selten gibt es internationale Festivalgewinne wie bei TONI ERDMANN, der außerdem, mit knapp 900.000 Zuschauern, ein beachtenswerter Publikumserfolg ist. Die Erzählweisen, Nutzungsarten und Aufmachungen dieser Produktionen scheinen grundsätzlich nur noch wenig miteinander gemein zu haben.

Die Entwicklung von der Einheit zur Vielfalt spiegelt sich auch in der Dramaturgie. In einem chronologischen Abriss und in groben Zügen werde ich zu Beginn den Werdegang des dramaturgischen Verständnisses und dessen Rezeption in Deutschland seit den 90er Jahren nachvollziehen. Dabei wird deutlich, dass sich durch gängige, aber auch neuere dramaturgische Handbücher, so von John Truby und anderen, im Laufe der Zeit zwar unterschiedliche Herangehensweisen etabliert haben. Doch bleiben diese letztlich einer zentralen Perspektive verhaftet, bei der wesentliche dramaturgische Aspekte wie Empathie, Raumgestaltung oder Stil nur in Einzelfällen erwähnt werden.

RÜCKBLICK AUF DIE GROSSEN EINHEITSSTIFTER

Ende der 8oer Jahre wächst in Europa und Deutschland das Bedürfnis, Drehbuchschreiben nicht mehr nur als Mischung aus Talenten und Erfahrungswerten zu verstehen, sondern auch als Handwerk. Erste Orientierung bieten amerikanische Handbücher, allen voran *„Screenplay. The Foundations of Screenwriting“*[3] und andere Bücher von Syd Field. Damit etablieren sich auch im deutschsprachigen Raum dramaturgische Ideale mit dem Anspruch, ein Modell für alle Geschichten aufzuzeigen. Sie zeigen die Freude an dem Gedanken, dass es tradierte Grundprinzipien guten Erzählens gibt, die es zu ergründen und anzuwenden gilt. Robert McKee propagiert: *„Wir brauchen eine Wiederentdeckung der grundlegenden Lehrsätze unserer Kunst, der Leitprinzipien, die Talente freisetzen.“*[4] Dahinter steht die Vorstellung, dass Erzählen in bestimmten Mustern universales menschliches Erleben spiegelt – oft zurückgeführt auch auf die Mythosstudien von Joseph Campbell und die spirituell ausgerichtete Psychologie von Carl Gustav Jung. So schreibt Robert McKee: *„Die archetypische Story bringt eine universale menschliche Erfahrung ans Licht und findet dann einen einmaligen kulturspezifischen Ausdruck.“*[5] Noch über die individuelle Biografie hinaus meint *„universal“* im Kontext einer solch *„archetypischen Story“* oder Heldenreise zumeist eine hinter dem Wahrnehmbaren existierende, für alle gleichermaßen geltende Wahrheit. Nach Campbell ist diese in ganz unterschiedlichen tradierten Geschichten aus allen Kulturen und Zeiten (Mythen) zuverlässig zu erkennen.[6] Für den auch in Deutschland viel gelesenen Filmdramaturgen Christopher Vogler entsteht der Eindruck, dass *„die Reise des*

---

3   Field, Syd: Screenplay. The Foundations of Screenwriting. New York 1979.
4   McKee, Robert: Story. Die Prinzipien des Drehbuchschreibens. Berlin 1997, S. 10.
5   Ebd.
6   Marietheres Wagner kritisiert, dass Joseph Campbell behauptet, er habe alle Arten von Mythen erfasst. Der Monomythos beziehe sich allerdings nur auf Entwicklungsgeschichten, so Wagner, und schließe Überlieferungen aus, die die Schicksalhaftigkeit des menschlichen Seins transportieren: Campbells Mythos-Begriff *„steht aber in einem deutlichen Gegensatz zu jenen mythologischen Erzählungen, die eine Determiniertheit des Menschen beschreiben (und die einen erheblichen Teil eben der mythischen/mythologischen Erzählungen ausmachen).“* Wagner, Marietheres: Dramaturgie im Raum. Arena, Tempo und Wege. Ein Analysemodell zur Filmdramaturgie. Zürich 2015, S. 30f.

Helden tatsächlich irgendwo existiert – als ewige Wirklichkeit, als platonische Urform des Seienden, als göttlicher Entwurf." [7] Seinen Erfolg in der Stoffentwicklung bezieht nicht nur Voglers Modell aus dem Gedanken, dass die Zuschauerin dieselbe *„ewige Wirklichkeit"* oder Wahrheit in sich trägt. Anders gesagt: Die Zuschauerin durchläuft auf dem Weg zur Entwicklung ihres Selbst dieselben Stadien wie der Held, der im Laufe der Reise seine anfängliche Charakterschwäche überwindet. Die Zuschauerin berühren deshalb Geschichten tief und nachhaltig, wenn deren Plot stark am Modell dieses sogenannten Monomythos orientiert ist und deren Figuren nach archetypischen Mustern entwickelt sind. Grundlage für zahlreiche Drehbuchmodelle bildet also ein mystisches Menschenbild, für das die Weiterentwicklung oder Reifung des sogenannten Selbst etwas dem Menschen a priori Gegebenes ist – nicht nur eine mögliche Interpretation oder Dramatisierung von zumeist episch erzählten Mythen oder eine weit verbreitete Sehnsucht oder ein häufiges, aber nicht notwendiges Streben. Eine weitere Begründung erfährt diese Prämisse nicht.

Die andere, etwas greifbarere Bezugsgröße, auf die sich viele Modelle beziehen, ist Aristoteles. Er schreibt in der *„Poetik"* [8] über die griechische Tragödie, die sich auch aus den lokalen Mythen speist. Aristoteles definiert die Tragödie als geschlossene Handlung mit einem Helden, der sein Unwissen oder seine Charakterschwäche nicht überwindet, sondern gerade durch sie ins Unglück stürzt (im Gegensatz zur Heldenreise). Beim Zuschauer erregt dies Furcht und Mitleid und führt schließlich zu seiner Katharsis.[9] Der Autor Gustav Freytag veröffentlicht 1863 mit *„Die Technik des Dramas"* ein viel beachtetes Lehrbuch, in dem er die aristotelische Tradition als

---

7   Vogler, Christopher: Die Odyssee des Drehbuchschreibers. Über die mythologischen Grundmuster des amerikanischen Erfolgskinos. Frankfurt/Main 1999, S. 10.
8   Aristoteles: Poetik. Griechisch/Deutsch. Stuttgart 1994.
9   Je nach Übersetzung und Verständnis der *„Poetik"*, kann es statt um Furcht und Mitleid auch um Schauder und Jammer gehen und die Katharsis weniger moralischen Impetus haben.

Ausgangspunkt der Theaterdramaturgie[10] beschreibt. Er fasst das ideale Drama in eine pyramidale Form – von der Exposition ansteigend, nach einem Höhe- oder Mittelpunkt wieder fallend, hin zur Katastrophe. Eine solch bogenförmige Struktur findet sich auch in der Filmdramaturgie.[11] In Anlehnung an die aristotelische Poetik geht es dabei außerdem um die Einheit der Handlung; alle Elemente haben eine Funktion für das Gesamte der Geschichte. Des Weiteren erzählt die Drei-Akt-Struktur eine Entwicklung des Protagonisten, die ebenfalls eine kathartische, zumindest emotionale Wirkung auf die Zuschauerinnen hat. Abgeleitet wird daraus eine aktive Hauptfigur mit einem konkreten Ziel, die die äußere Handlung gegen größtmögliche Widerstände und erschütternde Erlebnisse vorantreibt, verbunden mit ihrer inneren Entwicklung.

Unterschiede zur Dramentheorie des Theaters werden im Filmbereich selten diskutiert. Wie auch von Gustav Freytag benannt, spielt beispielsweise die Peripetie, der Umschwung der Handlung, in der Mitte der Geschichte traditionell eine noch signifikantere Rolle als der Midpoint eines Films.[12] Auch ein heutiges dramaturgisches No-Go wie ein

---

10 Vgl. Freytag, Gustav: Die Technik des Dramas. Berlin 2003. Bewusst übergangen werden in diesem kurzen Anfangsteil alle Gegenströmungen, so auch Lessings Hamburger Dramaturgie und der später daraus abgeleitete Geniegedanke. Denn die benannten filmdramaturgischen Modelle von Syd Field, Christopher Vogler, Robert McKee und anderen, die sich in den 90er Jahren auch in Europa durchgesetzt haben, entstanden im Rahmen des amerikanischen Studiomodells. Sie sind deshalb vor allem durch die Suche nach ökonomischen Machbarkeiten und handwerklich fassbaren Kulturtechniken und Modellen geprägt. Marietheres Wagner fasst die Traditionen eines europäischen Gegenentwurfs für Kunst und Theater, insbesondere im 18. Jahrhundert mit seinen Auswirkungen bis in die heutige Zeit prägnant zusammen: *„Grundsätzlich wächst ein Interesse am Individuum. Goethes Roman DIE LEIDEN DES JUNGEN WERTHERS (1774) ist ein Beispiel für diese neue Orientierung. [...] Das Bild vom Dichter als Genie hat weitreichende Folgen bis weit in das 20. Jahrhundert und sogar noch in die Gegenwart hinein, denn es entwickelt sich die tiefverwurzelte Vorstellung, dass Kenntnisse der Dramaturgie weder lehrbar noch lernbar seien oder geübt werden müssten.“* Wagner, Marietheres: Dramaturgie im Raum, S. 30f.

11 Maßgeblich weitergetragen wird die Anlehnung an die Antike im Jahr 1960 auch von Volker Klotz als *„geschlossene Form“*, der eine *„offene Form“* gegenübersteht, die sich insbesondere bei Shakespeare findet. Klotz, Volker: Geschlossene und offene Form im Drama. München 1960.

12 *„Obwohl Aristoteles auch von drei Einheiten ausgeht, sieht seine Struktur des Dramas doch anders aus, als die Struktur, die in den Schaubildern der Drehbuchratgeber zu finden ist. [...] In den Letzteren gibt es zwei markante Wendepunkte [...] und einen Höhepunkt am Ende, bis zudem sich die Handlung konstant steigert. Bei Aristoteles dagegen fallen Wendepunkte und Höhepunkt bereits in der Peripetie zusammen, was bedeutet, dass die Handlungskurve bereits ab der Mitte abfällt.“* Bildhauer, Katharina: Drehbuch reloaded. Erzählen im Kino des 21. Jahrhunderts. Konstanz 2007, S. 39.

„Deus-ex-machina-Schluss" [13] war üblich in der antiken Tragödie und im Sinne Aristoteles'. Insgesamt scheint der ständige Rückbezug auf Aristoteles eine sehr gut nutzbare, in Details aber mehr oder weniger ungenaue Interpretation zu sein.

Es lässt sich also festhalten: In den 90er Jahren ist der Rückbezug auf zwei große dramaturgische Einheitsstifter Usus – die Heldenreise und die aristotelische Poetik. In manchen Handbüchern wird gleich auf beide Bezug genommen; sie müssen nicht unverbunden nebeneinander betrachtet werden. Von Christopher Vogler wird eine elegante Querverbindung formuliert: *„Selbstverständlich durchzieht das mythische Bewusstsein auch Aristoteles' Idee des Dramas, denn viele Schauspiele, über die er schrieb, entsprangen unmittelbar den Mythen der Kultur, in der er lebte."* [14]

Im Laufe der Jahre etabliert sich damit eine dramaturgische Tradition, die in großen Teilen an eine standardisierte Interpretation altbewährter Formen angelehnt ist, sich dabei aber zumeist als undogmatisch erklärt. [15] Sie bietet Orientierung, weil sie den Genius (oder die Begabung oder die Sehnsucht danach) mit dem Handwerk konfrontiert. Sie gibt dem bislang Ungeordneten eine Sprache, die als überaus schwierig und wertvoll behauptet wird, aber erfreulicherweise als Handwerk erlernbar ist: *„Das bemitleidenswerte Individuum, das den inneren Drang verspürt, fürs Kino zu schreiben, braucht neben Talent noch eine ganze Menge mehr. Zum Glück handelt es sich dabei um Dinge, die erlernbar sind."* [16]

---

13 Ebd., S. 40.
14 Vogler, Christopher: Vorwort. In: Hiltunen, Ari: Aristoteles in Hollywood. Das neue Standardwerk der Dramaturgie. Bergisch Gladbach 2001, S. 11. Vgl. Cunningham, Keith: Storytelling in Ost und West. Das Erbe von Mythos und Drama. In: Brunow, Jochen (Hg.): Scenario 8. Film- und Drehbuch-Almanach. Berlin 2014, S. 78ff. Auch für Aristoteles selbst ist der Mythos, wenn auch in einem weniger aufgeladenen Sinn, sondern mit direktem Bezug auf die griechischen Sagen wie *Ilias* und *Odyssee* neben Charakteren, Sprache, Erkenntnisfähigkeit, Inszenierung und Melodik ein Bestandteil der Tragödie. Aristoteles: Poetik, S. 21ff.
15 Dennis Eick beschreibt, inwiefern fast alle gängigen Drehbuchlehrerinnen den normativen Anspruch ihrer Modelle ausdrücklich zurückweisen. Er erkennt dennoch in der stets ähnlichen Beschränkung auf bestimmte Formen, insbesondere der *„restaurativen Dreiaktstruktur, die sich aus den normativen Regelpoetiken des neunzehnten Jahrhunderts ableitet"*, eine Festlegung von Strukturmerkmalen, die *„in der Dominanz und der Struktur des amerikanischen Marktes"* gründet. Eick, Dennis: Drehbuchtheorien. Eine vergleichende Analyse. Konstanz 2006, S. 49.
16 Daniel, Frank: Einleitung. In: Howard, David und Mabley, Edward: Drehbuchhandwerk. Techniken und Grundlagen. Köln 1998, S, 21f.

Viele dramaturgische Überlegungen, die in dieser Zeit wurzeln, beantworten die Frage „Wie erzählt man eine gute Geschichte?" mit Rückbezug auf einen allem zugrunde liegenden Ursprung, einer Art menschlicher Essenz, die die dramatische Form bestimmt.

In diesem immer ähnlichen Gefüge gibt es trotzdem viel Raum für unterschiedliche Inhalte. Das zeigen im deutschen Kino so unterschiedliche Beispiele wie KNOCKIN' ON HEAVENS DOOR, 7 ZWERGE – MÄNNER ALLEIN IM WALD und VIER MINUTEN, die sich leicht im Sinne der Lehrbücher interpretieren und verstehen lassen. Darüber hinaus sind innerhalb des einen Musters auch zahlreiche formale Spielarten und Varianten möglich, ohne das Grundprinzip zu verletzen – vom ziellosen Protagonisten über den Ensemblefilm bis zur Zeitschleife wie in LOLA RENNT. Dort wird in drei aufeinanderfolgenden, dramatisch aufgebauten Episoden auf die jeweils selbe Zielfrage („Wird Lola es schaffen, in zwanzig Minuten 100.000 DM aufzutreiben?") stets eine andere Antwort gegeben.[17] Nicht nur dieses Beispiel zeigt: Das Einheitsprinzip bietet viel Platz für Originalität – einerseits.[18]

Andererseits tragen die Dramaturgien der 90er Jahre die Gefahr von Wiederholung und Abnutzung in sich. Zahlreiche dramaturgische Aspekte finden im Rahmen der gängigen einheitlichen Überlegungen zu wenig Raum, um die Möglichkeiten des Erzählens auszuweiten oder reichhaltiger zu gestalten. Oft vage oder oberflächlich behandelt wird der Bereich der Figurenentwicklung. Die psychologische Dimension einer Figur ist mit Vorgeschichtenverletzung, Need und innerer Entwicklung erst sehr grob erfasst. Hier haben sich neben anderen vor allem Überlegungen der Dramaturgin

---

17   Bei Ende 1 stirbt Lola, bei Ende 2 stirbt Manni, bei Ende 3 überleben beide. Die in den einzelnen Episoden zunächst willkürlich erscheinenden Gegebenheiten, illustrieren erst in ihrer dreifachen Wiederholung das Thema der Geschichte – können wir unser Leben steuern oder ist es vom Zufall bestimmt?
Die Funktion des Zufalls für LOLA RENNT als filmische Einheit aus drei jeweils dramatisch aufgebauten Episoden wird beispielsweise durch Lolas Begegnung mit ihrem Vater deutlich: 1. Episode: Lola versucht, sich bei ihrem wohlhabenden Vater Geld zu leihen. Sie trifft ihn in einem ungünstigen Moment, er wirft sie hinaus. 2. Episode: Lola nimmt ihren Vater als Geisel und erpresst Geld, sie kommt rechtzeitig, doch Manni wird überfahren. 3. Episode: Lola verpasst ihren Vater knapp, gewinnt stattdessen im Spielcasino und kann Manni retten.

18   Weiterführend sind hier: Aronson, Linda: Screenwriting Updated. New (and Conventional) Ways of Writing for the Screen. Los Angeles 2001 und: Benke, Dagmar: Freistil. Dramaturgie für Fortgeschrittene und Experimentierfreudige. Bergisch Gladbach 2002.

Linda Seger etabliert. Sie beschreibt ausführlich die Idee der Backstory einer Figur, die sich auch in anderen Handbüchern findet. Darüber hinaus führt sie zahlreiche Kategorien aus der Psychologie an wie Hinweise auf das Unbewusste, aber auch die Einteilung der Temperamente in melancholisch, sanguinisch, cholerisch, phlegmatisch sowie die Beschreibung abnormer Verhaltensweisen. Ihre Überlegungen fügen sich aber nicht zu einem Gesamtverständnis.[19] Obwohl in verschiedenen Manualen vielfach, wenn auch vage davon die Rede ist, dass Figuren mehrdimensional[20], interessant und ambivalent[21] sein oder eine Persönlichkeit[22] besitzen sollen – letztlich gleicht die Entwicklung vom Archetypus zu einer individuellen Figur oder die Gestaltung von der physischen, psychischen und soziologischen Dimension zu einem die Handlung bestimmenden Charakter noch einem weit verzweigten, kaum beschriebenen Weg in der Dramaturgie. In den gängigen Handbüchern der 90er Jahre werden außerdem nur wenig beleuchtet: die dramaturgischen Möglichkeiten, die durch die Beziehungen der Figuren untereinander entstehen, Fragen nach der Erzählperspektive und Informationsvergabe, genau wie nach Empathiebildung, Plot und Fabula, nach der Gestaltung der Welt der Geschichte; außerdem nach der stilistischen Ausprägung bestimmter Genres, der Definition des Begriffes „Thema" – um nur einige der blinden Flecken zu benennen.

So führen die Dramaturgien aus den 90er Jahren durch das starke Fokussieren auf ein Einheitsmodell zu einem Standard, mit dem sie den deutschen Film- und Fernsehmarkt ausreichend und zum Teil auch trefflich bedienen. Gleichzeitig bieten sie eine trügerische Sicherheit. Denn sie machen es leicht, auszublenden, dass aus ihrer Perspektive bestimmte Elemente von Filmgeschichten nur oberflächlich betrachtet werden. Ich behaupte:

---

19 Vgl. Seger, Linda: Von der Figur zum Charakter. Überzeugende Filmcharaktere erschaffen. Berlin 1999, S. 79ff.
20 Seger, Linda: Das Geheimnis guter Drehbücher. Berlin 1999, S. 213.
21 Schütte, Oliver: Die Kunst des Drehbuchlesens. Bergisch-Gladbach 1999, S. 20.
22 Howard, David und Mabley, Edward: Drehbuchhandwerk, S. 87f.

Aufgrund des auch heute noch vielfach gültigen Bezugs auf die dramaturgischen Standards der 90er Jahre erzählen viele deutsche Filme von Figuren, die eher Funktionsträger des Plots als psychologisch ausgereifte Charaktere sind. Denn eine weitere Folge der Einheitsdramaturgie ist, dass sie oft als die eine und einzige Grundlage für jedwedes Storytelling verstanden wird. Eine Reform ist per se nicht notwendig bei einem Modell, das vermeintlich immer auf alle Geschichten anwendbar ist und die Ausnahme als alternative Form oder besondere Variante in die Regel miteinschließt. Es handelt sich um ein Modell, das seine eigene Weiterentwicklung behindert. Filme, die schwer oder nur zum Teil in diesem Rahmen verstanden werden können und trotzdem im Sinne ihrer Wirkungsabsicht erfolgreich sind, wie GEGEN DIE WAND, FUNNY GAMES oder MULHOLLAND DRIVE tauchen in den einschlägigen Dramaturgien erst gar nicht als Analysebeispiel auf.

DIE WICHTIGSTEN THESEN

- Die Einheitsdramaturgien der 90er Jahre beschreiben mit Rückbezug auf überzeugend klingende Traditionsstifter wie „Mythologie" und „Aristoteles" erlernbare Techniken. Sie bieten Sicherheit und Orientierung für das Verständnis dramatischen Erzählens.
- Gleichzeitig bewirken die gängigen Modelle eine Beschränkung der dramaturgischen Perspektive. Plot-Strukturen stehen im Vordergrund; davon abweichende dramaturgische Aspekte finden wenig Beachtung, weil sie nicht direkt in das als universal verstandene Schema passen.

DIE PERSPEKTIVE WEITET SICH

Angesichts dieser weit verbreiteten Neigung zum Systemdenken ist es nicht verwunderlich, dass es zunehmend Ausbruchsversuche gibt und in den 00er Jahren, wiederum von amerikanischen Dramaturgen, eine Vielzahl neuer Überlegungen auftaucht, die auch in Europa interessiert aufgenommen werden. In den Details wird dabei vor allem das starke Bedürfnis nach Komplexität und nach Abgrenzung einzelner Modelle untereinander erkennbar. Jede Dramaturgie behauptet neue Begrifflichkeiten oder Varianten. Hinter dem bislang ganz individuell gestaltbaren Want, dem äußeren, konkreten Handlungsziel einer Figur nach Frank Daniel, erkennt zum Beispiel Blake Snyder für den perfekten Helden ein Primal Goal, das jeder Zuschauer nachvollziehen kann: *„Survival, hunger, sex, protection of loved ones and fear of death grab us."* [23] John Truby beschreibt ein dem Want weitgehend vergleichbares Desire[24]. Er versieht allerdings die emotionale Schwäche – das Need einer Figur, das diese im Verlauf einer Geschichte als Character Change überwinden soll – neben der psychologischen noch mit einer moralischen Ebene.[25] Auch Keith Cunningham konzentriert sich auf den inneren Konflikt, den er als psychologischen Grundbestandteil der Protagonistin sieht. Er unterscheidet zwischen dem Mode als dem bewussten Verhalten der Figur zu Beginn einer Geschichte. Ein innerer Konflikt entsteht, weil die Figur das Gegenteil der Mode-Ebene wirklich braucht, das Need. Aus dem Mode lässt sich ein konkretes Plot Goal bilden[26], das es dann in einer inneren Entwicklung als falsch zu erkennen und zu überwinden gilt.

---

23 Snyder, Blake: Save the Cat! The Last Book on Screenwriting You'll Ever Need. Studio City (Los Angeles) 2005, S. 64.

24 *„The desire should be specific – and the more specific, the better."* Truby, John: The Anatomy of Story. 22 Steps to Becoming a Master Storyteller. New York 2008, S. 88, vgl. auch: S. 43ff.

25 Für den Drehbuchautor André Georgi war John Truby 2008 der *„interessanteste und umfassendste aller Dramaturgen der letzten zehn bis 15 Jahre – der ungekrönte König der New School."* Georgi, André: Old School – New School. Kleine Bestandsaufnahme der gegenwärtigen amerikanischen Filmdramaturgie. In: Brunow, Jochen (Hg.): Scenario 2. Film- und Drehbuch-Almanach. Berlin 2008.

26 Vgl. Cunningham, Keith: The Soul of Screenwriting. On Writing, Dramatic Truth, and Knowing Yourself. New York 2008. S. 103ff und 201ff.

Es findet in der Dramaturgie also ein starker Trend zur weiteren Psychologisierung der Hauptfigur statt. Auffällig dabei ist aber auch der neu entstandene Wunsch nach Abgrenzung der Modelle voneinander, indem alle mit einem oder mehreren alternativen Begriffen aufwarten. Dies bezieht sich nicht nur auf den Bereich der Figurenentwicklung, sondern noch sichtbarer auf den Plot. Aus den drei Akten hatten sich seinerzeit zunächst acht Sequenzen gebildet, die vor allem von Oliver Schütte auf Frank Daniel zurückgeführt werden.[27] Blake Snyder arbeitet demgegenüber mit 15 Beats. John Truby bietet 7 Key Steps an, die er in 22 Story Steps auffächert. Keith Cunningham entwickelt 4 Movements und 16 Story Steps.

Einige der Step- und Beat-Entwickler wie John Truby distanzieren sich ausdrücklich von der Drei-Akt-Struktur und erklären diese für untauglich oder überholt: *„Not surprisingly, plot techniques such as ‚three-act structure'* *that do not account for both the whole story and the detailed plot threads* *fail miserably."* [28] Es hat durchaus eine süffisante Note, wenn Truby die zumeist als allgemeingültig und ehrwürdig angesehene Drei-Akt-Struktur zu einer reinen Plot-Technik und noch deutlicher zu einem Tool unter vielen herabstuft. Doch die neuen und alten Dramaturgien haben mehr gemeinsam, als von ihren Urhebern behauptet. Denn ihre Teilschritte lassen sich leicht in drei Akte einordnen – auch die 22 Story Steps von John Truby.[29] Es handelt sich nicht um einen Paradigmenwechsel, sondern um Ergänzungen oder Ausdifferenzierungen des bestehenden Modells. Blake Snyder definiert das Problem pragmatischer: *„Like a swimmer in a vast ocean, there* *was a lot of open water in between those two Act Breaks."*[30] Gemeinsam ist den Plot-Strukturen der neuen Denker aber auch: Sie beziehen die innere Entwicklung der Protagonistin intensiver in den äußeren Handlungsablauf mit ein und stärken damit die Verbindung von Figur und Plot.

---

27   Vgl. Schütte, Oliver: Die Kunst des Drehbuchlesens. Bergisch Gladbach 1999, S. 60ff.
28   Truby, John: The Anatomy of Story, S. 258.
29   1. Akt: Step 1–5, 2. Akt: Step 6–16, 3. Akt: Step 17–22.
30   Snyder, Blake: Save the Cat, S. 69.

Daneben werden aber auch weitere Leerstellen mit Überlegungen gefüllt. Keith Cunninghams „The Soul of Screenwriting" [31] beinhaltet vermutlich die umfassendste Dramaturgie dieser Jahre und berührt als eines der wenigen Handbücher auch weiterführende Aspekte. So befasst sich Cunningham mit der Erzählperspektive, aber vor allem externalisiert er die inneren Ebenen des Protagonisten durch das Emotional Network des Ensembles und seiner Mitglieder. André Georgi über Cunninghams Modell: „Die Begegnungen der Hauptfigur mit anderen sind nur dann prägend und dramatisch relevant, wenn sie im Grunde Begegnungen der Hauptfigur mit sich selbst, mit ihrem Verdrängten, mit dem Gegenteil ihres Selbstbildes sind." [32] Doch auch John Truby weitet den Blick auf das Ensemble und die Beziehungen der Figuren untereinander, indem er ein Character Web mit Opponent, Ally, Fake-Ally Opponent, Fake-Opponent Ally und anderen beschreibt. [33] Einen ganz neuen, ergänzenden Ansatz auf die Inhalte von Geschichten entwickelt Roland Zag mit dem Human Factor. Er bringt das soziale Gleichgewicht zwischen Figuren ins Spiel, das er in einem direkten Zusammenhang mit der emotionalen Anbindung der Zuschauerin an die Geschichte sieht. [34]

Alles zusammen betrachtet: Eine Revolution ist dies nicht, es handelt sich aber doch um wesentliche Reformschritte. Denn die Vielfalt der Nuancen und Ergänzungen, die hier nur anhand ihrer wichtigsten Vertreter wiedergegeben wird, macht eines deutlich: Es ist jetzt nicht mehr ganz so einfach, einen klaren dramaturgischen Fahrplan vorzugeben. Und auch wenn einige der neuen, vor allem US-amerikanischen Lehrer betonen, dass sie nach jahrelanger Expertise das Geheimnis des Erfolgs gefunden haben und mit genau ihrem Modell beschreiben: Nicht nur die Frage, was Erfolg für welchen Film überhaupt bedeutet – auch die Vielfalt der Ansätze macht

---

31 Vgl. Cunningham, Keith: The Soul of Screenwriting, S. 103ff und 201ff.
32 Georgi, André: Die lange Reise des Helden zu sich selbst. In: Scenario 4. Film- und Drehbuch-Almanach. Berlin 2010, S. 262.
33 Truby, John: The Anatomy of Story, S. 57ff.
34 Vgl. Zag, Roland: Der Publikumsvertrag. Emotionales Drehbuchschreiben mit ‚the human factor'. München 2005.

es nun schwieriger, einen Königsweg zur Entwicklung einer sogenannten guten Geschichte zu behaupten.

Interessant daran ist aber vor allem, dass die wesentlichen dramaturgischen Überlegungen aus den Handbüchern der „New School" Parallelen zu markanten gesellschaftlichen Entwicklungen, insbesondere zu dem Verlust von identitätsstiftenden Zusammenhängen aufweisen. Denn Dramaturgie lässt sich immer auch als Gesellschaftstheorie verstehen, insofern die Verschiebung dominanter Aspekte und Blickwinkel im zeitgemäßen Erzählen auch eine zeitgemäße Weltbetrachtung spiegelt. Neben der Analyse einiger Leerstellen wird dies auch Thema in den folgenden Kapiteln sein.

DIE WICHTIGSTEN THESEN

- Die sogenannte „New School", insbesondere geprägt durch John Truby, stellt eine Erweiterung der Einheitsmodelle in Bezug auf die psychologische Dimension von Figuren, ihre innere Entwicklung und das Gefüge des Ensembles dar.
- Diese neuen Differenzierungen weiten den Blick und lassen sich nicht mehr so einfach unter ein Modell subsumieren. Sie bleiben gleichzeitig den gängigen filmdramaturgischen Standards verpflichtet.

2. AKT

MIT FIGUREN ZU EINEM NEUEN BLICK AUF AMBIVALENZ UND EMPATHIE

Zum Konsens geworden und aus der Dramaturgie nicht mehr wegzudenken ist eine psychologisch tiefere Betrachtung von Figuren im Gesamtkontext der Geschichte. Insbesondere der Entwicklungsprozess der Protagonistin ist ins Zentrum der Überlegungen gerückt. Aus dem Blickwinkel der „New School" betrachtet, erzählen gute Geschichten das Entstehen eines inneren Konfliktes, das Ringen der Hauptfigur darum und gegebenenfalls auch ihre Befreiung daraus. Vorausgesetzt wird stets, dass für Charaktere überhaupt eine Notwendigkeit zur Veränderung besteht, dass sie Schwierigkeiten mit sich selbst haben oder in solche hineingeraten. Um diese Ambivalenz zu beleuchten, gilt es also, zunächst noch einen kurzen, etwas genaueren Blick auf einige Aspekte der „New School" zu richten.

Im Anschluss wird die Perspektive um das große Feld der Empathie erweitert. Allerdings helfen dabei die Handbücher der „New School" kaum weiter. Darin wird zumeist nur auf die Richtlinien zu äußerer Handlung und innerer Entwicklung einer Figur Bezug genommen: Bei idealer Gestaltung derselben entwickelt der Zuschauer angeblich automatisch Empathie. Doch es gibt weitaus differenziertere Möglichkeiten, sich dem Thema zu nähern. Roland Zag hat mit dem Human Factor einen eigenen Blick auf die Verbindung von Empathie mit den Beziehungen der Figuren untereinander vorgelegt.[35] Unabhängig davon existieren zahlreiche film- und literaturwissenschaftliche Überlegungen, die nicht wie Zag das Beziehungsgeflecht innerhalb der Geschichte, sondern stattdessen die Achse Rezipient – Figur ins Zentrum stellen. Auch in der praktischen Dramaturgie kursieren einige gängige Tools. Das Kapitel leitet daraus erste Überlegungen für eine dramaturgische Betrachtung des Empathie-Begriffes ab.

Unter „Panorama" wird am Ende deutlich, inwiefern die Psychologisierung von Figuren auch Ausdruck eines unsicher gewordenen Lebensgefühls ist, in einer Welt, die dem Einzelnen keine feste Rahmenerzählung mehr bietet – was sich in deutschen Film- und Fernsehproduktionen allerdings oftmals nicht widerspiegelt. Abschließend geht es um die Frage, inwiefern der Einbezug von weiteren Ansätzen aus der Psychologie, aber auch eine weitere Diskussion des Empathie-Begriffes zu neuen Perspektiven in der Dramaturgie beitragen können.

---

35   Vgl. Zag, Roland: Der Publikumsvertrag.

AMBIVALENZ

Um einen inneren Konflikt zu kreieren, basieren viele „New School"-Modelle auf der Idee, Hauptfiguren ins Zentrum eines psychologischen Dilemmas zu stellen. Figuren verkörpern zu Beginn der Geschichte ein falsches Selbstbild oder leben nach einer angelernten Haltung, die aufgrund ihrer Einseitigkeit zu dauerhaften Schwierigkeiten führt: *„If we believe love will make us complete, we might set out on a search for love and misinterpret each relationship that does not make us feel complete as an absence of love."*[36] Das Dilemma als solches ist unlösbar. Keith Cunningham schreibt, dass es gerade darum geht, die Figur mit ihrer gegenteiligen Seite zu konfrontieren: *„It is a paradox. In fact, what is missing occupies a sort of negative space. [...] What the character needs to learn about life turns out to be a value that is the inverse of the dominant value that informs her mode. The two values form a pair of opposites: innocence/experience, control/passion, or distrust/friendsdship, for example."*[37] Am Ende entwickelt sich die Figur, indem sie sich durch eine Selbsterkenntnis von ihrer ursprünglichen Haltung befreit und damit über das Dilemma erhebt.

Beispielhaft führt dies auch Laurie Hutzler vor, die angelehnt an das spirituelle Symbol des Enneagramms die psychologischen Pole in neun Charaktertypen verankert. Sie beschreibt jeden Typus mit seiner Maske, seinen Stärken und Schwächen, seiner größten Angst, seiner unbewussten Sehnsucht und seiner dunklen Seite.[38] All diese Elemente greifen ineinander, sobald eine Figur im Laufe der Handlung erkennt, dass sie mithilfe ihrer Stärken ein falsches Bild von sich aufrechterhält. Sie muss sich vielmehr ihren Schwächen annähern und ihre Angst grundsätzlich überwinden, um bis zum Ende zu lernen, was sie wirklich braucht.

---

36 Watt, Alan: The 90-day screenplay: from concept to polish. Los Angeles 2014, S. 12.
37 Mit „her" ist die Figur Loretta Castorini aus dem Film MOONSTRUCK gemeint. Cunningham, Keith: The Soul of Screenwriting, S. 105.
38 Vgl. Hutzler, Laurie: http://www.etbscreenwriting.com/ (für diesen und alle folgenden Links gilt: abgerufen am 09.10.2017).

Typenmodelle wie dieses bedienen sich zumeist spiritueller Ordnungen wie dem Enneagramm.[39] Sie gehen davon aus, dass sich Menschen in Typen klassifizieren lassen und, übertragen auf Filmgeschichten, dass die Anlehnung an diese vermeintlich real existierenden Typen bei der Stoffentwicklung hilfreich ist, um psychologisch interessantere Charaktere zu erschaffen.[40]

Die zunehmende Verbreitung solcher Modelle zeigt, dass die Angst davor zu schwinden scheint, Typen als Ausgangspunkt für individualisierte Figuren zu nutzen. Gründe dafür könnten sein: Sie schlagen eine Brücke zwischen dem sehr abstrakten, in der Ausführung wenig hilfreichen Modell der Archetypen – eine Figur in der archetypischen Funktion des Mentoren ist noch lange kein Charakter – hin zu einer Konkretisierung, die zumindest etwas näher an die Entwicklung individueller Züge heranreicht.[41] Und sie beziehen die Stärken und Schwächen des jeweiligen Typus' und das daraus resultierende Dilemma derart mit ein, dass sich eine innere Entwicklung ableiten lässt. Die negative Seite des Dilemmas hat also letztlich die Funktion einer Achillesferse, die zu einem inneren Konflikt führt, den es im Laufe der Geschichte zu überwinden gilt.

---

39 Jens Becker entwickelt ebenfalls ein Drehbuch-Tool nach dem Modell des Enneagramms: http://www.jensbecker.info. Darin bezieht er sich auf: Gallen, Maria-Anne und Neidhardt, Hans: Das Enneagramm unserer Beziehungen. Verwicklungen, Wechselwirkungen, Entwicklungen. Reinbek bei Hamburg 2014.

40 Eine Begründung, warum die ein oder andere Klassifizierung für die Betrachtung von Filmfiguren geeigneter ist oder ein Abgleich mit bereits vorhandenen dramaturgischen Überlegungen zur Ensemble-Entwicklung findet dabei nicht statt. Insofern sind diese Modelle weniger als Theorien, sondern eher als subjektiv wählbare Tools zu verstehen, die die Entwicklung von Figuren erleichtern können.

41 Interessant in diesem Zusammenhang ist ein Hinweis auf die Begriffsgeschichte des in der Dramaturgie häufig negativ besetzten Stereotyps. Geprägt wurde der Begriff erstmalig 1922 durch den Politiker Walter Lippmann. Er sah die Welt als *„großes, blühendes, summendes Durcheinander"*, das der Mensch kaum erfassen kann. Stereotype als Kategorien der menschlichen Vorstellung helfen beim Sortieren und Verstehen der Welt. Das Stereotyp war also zunächst etwas Positives. Auf Film bezogen können stereotype Elemente, derart kognitiv verstanden, der Zuschauerin nutzen, um in eine Geschichte mit begrenzter Zeitökonomie einzusteigen und sofort zu assoziieren, um die dargestellte Welt zu verstehen. Erst viel später wurde der Begriff des Stereotyps weniger kognitiv als soziologisch verwandt. Seitdem ist er negativ konnotiert als die bildhafte Vereinfachung von Eigenschaften oder Verhaltensweisen einer Personengruppe auf ein Individuum wie der verrückte Wissenschaftler, die lustige Dicke, der größenwahnsinnige Diktator, die nervöse Diva. Vgl. Lippmann, Walter: Public Opinion. USA 2008.

In allen Modellen wird dabei die äußere Handlung durch ein Desire oder Plot Goal eng mit der inneren Entwicklung verknüpft. Zumeist stellt das Handlungsziel einer Figur die Konkretisierung der anfänglichen Haltung, des Mode (Cunningham) oder False Belief (Watt), dar. Figuren sind gezwungen, die Handlung character-driven, also aus einer psychologischen Notwendigkeit heraus, voranzutreiben.

Doch das Dilemma ist nicht nur ein psychologisches Problem. Von John Truby und anderen wie Alan Watt wird es auf eine moralische Ebene gehoben. Der innere Konflikt, den die Protagonistin durchlebt, hat Auswirkungen auf seine Welt und prägt die Aussage der Geschichte. Truby schreibt: *„In the hero's moral development, the endpoints are your hero's moral need at the beginning of the story and his moral self-revelation, followed by his moral decision, at the end. This line is the moral frame of the story, and it tracks the fundamental moral lesson you want to express."*[42] Es gilt, die ganze Welt der Geschichte um das Dilemma der Figur herum aufzubauen.

Der neue Blick auf Figuren durch die „New School" zielt auf deren innere Entwicklung. Doch lässt sich daraus auch ableiten: Ein charakterlicher Zwiespalt macht es grundsätzlich leichter, psychologisch schlüssige Ambivalenzen zu erzählen. Sie müssen nicht zwingend am Ende der Geschichte eine Auflösung erfahren. Dies zeigt sich weniger in der Theorie als in der Praxis. Vermehrt treten Figuren auf, die neben allgemein als positiv bewerteten Eigenschaften nicht nur unter einer Achillesferse leiden, sondern grundsätzlich zweischneidig angelegt sind. Augenfällig wird dies vor allem im Serienbereich, wo Tony Soprano (THE SOPRANOS), Walter White (BREAKING

---

42 Truby, John: The Anatomy of Story, S. 114. Truby definiert sein Moral-Argument nicht genau, unterscheidet beispielsweise nicht zwischen moralischem und ethischem Dilemma. Ein moralisches Dilemma betrifft zunächst nur die direkte Umwelt einer Figur. Sie steht zwischen zwei gegensätzlichen, zwischenmenschlichen Verpflichtungen und jeder Schritt in eine Richtung verletzt die andere Seite. Ein ethisches Dilemma würde darüber hinaus klarer auf die dahinterstehenden Werte, die von den beiden Polen verkörpert werden, verweisen. Insofern eine Geschichte die Entwicklung einer Hauptfigur angesichts eines ethischen Dilemmas erzählt (zum Beispiel: Freiheit versus Sicherheit), bringt sie am Ende immer eine Haltung zum Ausdruck, die sich auf die reale Welt übertragen lässt. Mit Trubys Moral-Argument sind das moralische und das ethische Dilemma gleichermaßen gemeint.

BAD) und Francis Underwood (HOUSE OF CARDS) Kultstatus erreicht haben. Gerade daran, dass sich diese Charaktere im Rahmen der ausgedehnten Erzählzeit über viele Folgen hinweg nur langsam und nicht unbedingt zum moralisch Besseren entwickeln, zeigt sich die gestiegene Akzeptanz von Ambivalenzen beim Zuschauer. Es scheint, dass das Interesse an Serienfiguren mit negativen Seiten zumindest bei einer bestimmten Zielgruppe an Gewicht gewinnt.

Immanent ist dieser Erzählweise oft, dass die Eigenschaften der Figuren in einzelnen Szenen sehr konkret und konsequent zum Ausdruck kommen. So arbeitet sich Walter White zu Beginn der ersten Episode der ersten Staffel BREAKING BAD an seinem 50. Geburtstag als Chemielehrer und Autowäscher ab, er lässt sich von seinen Schülern verspotten, seine Frau Skyler traktiert ihn mit veganer Wurst, einer Überraschungsparty und einer misslungenen Sex-Massage (letztere während sie mit dem Laptop auf dem Schoß an einer Ebay-Auktion teilnimmt). All dies macht klar, dass Walter gelernt hat, sich und seine Bedürfnisse geduldig unterzuordnen – aber auch dass diese vielleicht umso gewaltiger zum Ausbruch kommen und er sich von seiner anfänglichen Haltung weg zu einem Menschen entwickeln wird, der Macht über Leben und Tod anderer ausübt. Solche Ambivalenzen bis hin zu einem ausgeprägten Interesse an der dunklen Seite einer Figur werden zunehmend vom Zuschauer respektiert. Die Film- und Theaterwissenschaftlerin Sabrina Eisele stellt fest: *„In den letzten Jahren häufen sich aber insbesondere auch in der empirischen Forschung Beobachtungen, die von einer Wertschätzung des Rezipienten gegenüber den moralisch und/oder strukturell als ‚böse' gekennzeichneten Figuren berichten."* [43]

Auch populäre Einzelfilme können als Beispiel dafür gelten, dass Charaktere mit Abgründen eine wachsende Akzeptanz erfahren. So entwickelt sich die Filmfigur Batman im Laufe der Zeit zu einem immer brutaleren

---

43 Eisele, Sabrina: Entgrenzte Figuren des Bösen. Film- und tanzwissenschaftliche Analysen. Bielefeld 2016, S. 103. Zitiert werden von Sabrina Eisele unter anderem zahlreiche Forschungen in Bezug auf die Hauptfigur der TV-Serie DEXTER.

Charakter, der zwischen Gut und Böse changiert und in THE DARK KNIGHT *„auf dem Polizeirevier extra einen Raum versperrt, um ungehindert auf den Joker einschlagen zu können."* [44]

---

44 Tröstl, Stefanie: Batmans Entwicklung – Ein Held für jede Epoche. In: Elbenwald, Blog vom 11.07.2015. https://www.elbenwald.de/Blog/.

EMPATHIE

Im Kontext mit ambivalenten Figuren rückt ein weiterer Aspekt ins Blickfeld: Insofern zunehmend Figuren erzählt werden, deren Charaktere auch moralisch oder ethisch zweifelhaftes Verhalten bedingen, stellt sich die Frage nach einer Gefühlsbindung zwischen zentralen Figuren und der Zuschauerin noch dringlicher als bisher. Eine Gefühlsbindung zu einzelnen Figuren gilt in der Dramaturgie gemeinhin als Voraussetzung dafür, dass sich der Zuschauer für eine Geschichte interessiert. Darüber hinaus behauptet der Literaturwissenschaftler Fritz Breithaupt, dass eine Vertiefung der emotionalen Bindung das Maß an Immersion steigert, also das Eintauchen der Zuschauerin bis hin zu einer relativen Selbst- und Weltvergessenheit. *„Nur, wer die Perspektive eines beteiligten Charakters oder einer beteiligten Person einnimmt, kann die Bedeutsamkeit der Ereignisse registrieren und empfinden."* [45] Doch wie kann die Zuschauerin an eine Figur andocken, die moralisch negativ besetzt ist?

In den meisten Handbüchern wird unter oftmals nicht näher definierten Begriffen wie Empathie oder Identifikation nur kurz erwähnt, wie eine solche Gefühlsbindung entstehen kann, der Begriff wird kaum diskutiert. Snyder geht davon aus, dass sein Drehbuchmodell grundsätzlich Identifikation weckt, immerhin geht er näher auf den seinem Werk den Titel gebenden Save-the-Cat-Mechanismus ein, den er als eine *„snappy rule for screenwriting"* versteht: *„The hero has to do something when we meet him so that we like him and want him to win."* [46] Zumeist wird jedoch vor allem auf die äußere Handlung und die innere Entwicklung der Figur Bezug genommen. John Truby beschreibt es folgendermaßen: *„Audiences identify with a character based on two elements: his desire and the moral problem he faces – in short, desire and need, the first two of the all-important seven*

---

45   Breithaupt, Fritz: Kulturen der Empathie. Frankfurt/Main 2009, S. 147.
46   Snyder, Blake: Save the Cat, S. 121.

structure steps."[47] Es geht um das Wecken von äußeren und inneren Kon-flikt-Erwartungen beim Zuschauer. Truby beschreibt die Beziehung zwischen Zuschauerin und Hauptfigur zwar noch etwas differenzierter. Doch obwohl er unterscheidet zwischen Faszination, Identifikation, Empathie und Sympathie[48]– grundsätzlich steht im Vordergrund, dass eine Gefühls-bindung erst durch den gesamten Bogen einer Hauptfigur in der Geschichte entsteht. Beim Themenfeld Empathie geht es in den Handbüchern um die große Bewegung, das perfekte dramatische Zusammenspiel aller Elemente, die stets auf die Hauptfigur und ihre innere Entwicklung zentriert sind. Das Dramatische ist hier der Maßstab. Episch orientierte Erzählweisen sind ausgeschlossen.

Dieses Verständnis berücksichtigt zudem nicht, dass der Zuschauer im Laufe einer Geschichte mit unterschiedlichen Figuren mitfühlen kann, dass er dies unter Umständen auch soll. Deshalb sind die vorhandenen Ansätze auch nur bedingt tauglich, die Bindungen der Zuschauerin an Figuren in Ensemble-Serien nachzuvollziehen oder gar zu steuern.

Es ist die Frage, wie demgegenüber ein differenzierteres Empathie-Verständnis beschaffen sein könnte, das mehr emotionale Beweglichkeit ermöglicht und auf die einzelnen Momente einer Geschichte ausgerichtet ist. Um Ansätze dafür zu finden, gibt es fürs Erste verschiedene Ausgangspunkte: Zum einen wurden mit Bezug auf die Entstehung von Empathie durch Spiegelneuronen in den letzten Jahren zahlreiche natur- und kognitionswissenschaftliche Forschungen betrieben. Darauf beziehen sich auch weiterführende literatur- und einige wenige filmwissenschaftliche Überlegungen, insbesondere von Hans J. Wulff, Margrethe Bruun Vaage, Fritz Breithaupt und Jens Eder. Zum anderen existieren in der Praxis einzelne, aber bewährte Mechanismen wie Save-the-Cat, derer sich Stoffentwickler und Filmemacher traditionell bedienen. Darüber hinaus hat Roland Zag

---

47 Truby, John: The Anatomy of Story, S. 75. Vgl. auch: Snyder, Blake: Save the Cat, S. 50.
48 Vgl. ebd., S. 75ff.

mit dem Human Factor ein an der Praxis orientiertes Modell entwickelt, bei dem der Zuschauer Empathie aufgrund der sozialen Interaktionen des Ensembles innerhalb der Welt der Geschichte entwickelt.[49]

FILMWISSENSCHAFTLICHE ÜBERLEGUNGEN

Zunächst scheint es sinnvoll, den Empathie-Begriff möglichst weit zu fassen, um alle Arten des Phänomens für das Verständnis und die Entwicklung von Filmgeschichten nutzbar zu machen. Jens Eder versteht Empathie im Sinne eines *„mehrschichtigen Phänomen[s] des Mit-Fühlens und der Perspektiven-Verlagerung"* [50]. Fritz Breithaupt definiert sie *„im weitesten Sinne [...] als Einfühlung oder In-die-Haut-des-anderen-Schlüpfens"* [51]. Die meisten Definitionen besagen, dass Empathie das Nachvollziehen und Verstehen von Emotionen anderer beinhaltet. Der Psychologe Paul Bloom erläutert: *„Wir zeigen Probanden etwa Bilder, auf denen zu sehen ist, wie jemand mit einem scharfen Gegenstand in den Finger gestochen wird. Während sie dieses Bild betrachten, leuchtet das Schmerzzentrum in ihrem Gehirn auf. Sie empfinden den Schmerz des anderen buchstäblich im eigenen Nervensystem nach. Dieses Einfühlen bezeichnen wir als Empathie. Und die wird eben nicht nur bei körperlichen Verletzungen aktiviert. Jemand, der wegen einer Scheidung sehr gelitten hat, kann den Kummer eines anderen Geschiedenen nachfühlen."* [52]

---

49 Vgl. Zag, Roland: Der Publikumsvertrag.
50 Eder, Jens: Empathie und existentielle Gefühle im Film. In: Hagener, Malte und Vendrell Ferran, Ingrid (Hg.): Empathie im Film. Perspektiven der Ästhetischen Theorie, Phänomenologie und Analytischen Philosophie. Bielefeld 2017, S. 251.
51 Breithaupt, Fritz: Kulturen der Empathie, S. 8. Die Entdeckung der Spiegelneuronen durch Giacomo Rizzolatti und Vittorio Gallese im Jahr 1992 bei Rhesusaffen und der Nachweis eines ähnlichen Systems bei Menschen durch Roy Mukamel und Itzhak Fried im Jahr 2010 führte in vielen Wissenschaften zu Überlegungen, wie sich zwischenmenschliche Verbindungen genauer erforschen lassen. Darauf aufbauend haben sich grob zwei wesentliche Arten des Empathieverständnisses entwickelt: Zum einen geht es um die Erforschung der Fähigkeit, Handlungen anderer als zielorientiert zu verstehen und diesbezüglich zu interpretieren (theory of mind, kognitive Empathie). Die andere Richtung konzentriert sich auf die menschliche Fähigkeit, primäre Emotionen und/oder komplexe Gefühle anderer mitzuempfinden (affektive, emotionale Empathie). Jens Eder trennt zudem zwischen Theorien, bei denen *„empathische Prozesse einerseits als vorbewusst und automatisch angesehen werden (lower-level-empathy), andererseits als bewusst und kontrolliert (higher-level-empathy)"*. Eder, Jens: Empathie und existentielle Gefühle im Film, S. 242.
52 Gielas, Anna: „Empathie blendet uns" (Interview mit dem Psychologen Paul Bloom). In: Die Zeit vom 17.12.2015 http://www.zeit.de/.

Über die erstgenannte körperliche Empathie hinaus besteht eine komplexere Form, die imaginative Empathie. Bewusst oder unbewusst stellt sich der Beobachter vor, wie es ist, aus der Perspektive eines anderen zu denken und zu fühlen.[53] Vor allem diese gesteigerte Form ist für das Verständnis von Figuren in Geschichten wesentlich. Doch ist bei der Übertragung dieses Empathie-Begriffes auf die Rezeption von Filmen noch ein weiterer Aspekt bemerkenswert: Der Kulturwissenschaftler Fritz Breithaupt und andere gehen davon aus, dass Menschen naturgemäß ihre Empathie filtern und zum Teil blockieren, um sich abzugrenzen. Breithaupt vertritt die Haltung, dass Narration *„die Ausnahmeform [ist], in der Empathie zugelassen wird."*[54] *„Insgesamt gilt als sicher, dass Empathiebereitschaft gegenüber fiktiven Charakteren größer ist als gegenüber lebenden Menschen, schlicht weil die Gefahr des Selbstverlustes bei einem fiktionalen Konstrukt tendenziell geringer ist als bei einem lebenden Wesen."* [55] Denn der Zuschauer weiß, dass er sich auf eine Geschichte einlässt, die im Gegensatz zur Wirklichkeit irgendwann zu Ende ist. Die meisten Theoretiker gehen davon aus, dass es sinnvoll ist, von einer ganz spezifischen Film-Empathie zu sprechen, *„die trotz einiger gemeinsamer Merkmale mit der Empathie außerhalb des Films als eigenständiger Mechanismus funktioniert?"* [56] Mit diesem Grundverständnis lassen sich einige für die Dramaturgie weiterführende Kriterien herausarbeiten:

Zuschauer erleben in jedem Film unterschiedliche Varianten des Einfühlens. *„Je nach Merkmalen des Films und Perspektivbeweglichkeit des Zuschauers kann Empathie unterschiedliche Intensität, Tiefe, Genauigkeit und Nachhaltigkeit erreichen."* [57] Es gibt also schwächere und stärkere Formen von Empathie. Sie ist zudem abhängig von der Affinität des Rezipienten.[58]

---

53 Vgl. Bruun Vaage, Margrethe: Empathie. Zur episodischen Struktur der Teilhabe am Spielfilm. In: Schick, Thomas und Ebbrecht, Tobias: Emotion – Empathie – Figur: Spielformen der Filmwahrnehmung. Berlin 2008, S. 30ff.
54 Breithaupt, Fritz: Kulturen der Empathie, S. 12.
55 Breithaupt sieht diesen Effekt bei der Literatur allerdings stärker gegeben als beim Film. Breithaupt, Fritz: Kulturen der Empathie, S. 148.
56 Hagener, Malte und Vendrell Ferran, Ingrid: Einleitung: Empathie im Film. In: Hagener, Malte und Vendrell Ferran, Ingrid (Hg.): Empathie im Film, S. 23.
57 Eder, Jens: Empathie und existentielle Gefühle im Film, S. 246ff und 255.
58 Vgl. Bruun Vaage, Margrethe: Empathie, S. 37.

Empathie kann demnach nie mit Sicherheit erzeugt werden. Es kann immer nur darum gehen, sie nach Möglichkeit anzuregen oder ihre Entstehung und Intensität zu befördern.

Daraus folgt auch, dass sich Zuschauer im Laufe einer Geschichte wechselseitig an verschiedene Figuren binden können. Je nachdem, ob der Film einen homogenen empathischen Fokus auf eine Hauptfigur erzeugt, ob dieser Fokus unterbrochen wird, ob er gleichzeitig oder nacheinander *„verschiedene Ankerfiguren als empathische Zentren anbietet"* [59] – die Zuschauerin erlebt in jedem Fall mehrere Figuren, in die sie sich phasenweise stärker oder schwächer hineinversetzen kann. Hans J. Wulff und Margrethe Bruun Vaage sprechen von empathischen Episoden: *„Empathische Prozesse sind „flüchtig", sie werden permanent der sich verändernden Situation nachgeführt."* [60] Und Jens Eder diskutiert Empathiemechanismen an einzelnen Szenen. [61] Demnach gilt es also, die Möglichkeit zur Empathie des Zuschauers mit einer bestimmten Figur, in einer bestimmten Episode immer wieder neu zu eröffnen und damit gezielt zu lenken. Wie lässt sich das bewerkstelligen?

Der Begriff der Parteinahme ist dabei hilfreich. Breithaupt erörtert, dass eine Parteinahme vor dem Entstehen der Empathie beziehungsweise zu Beginn empathischer Sequenzen notwendig ist. Der Zuschauer sucht unbewusst nach einer Figur und entscheidet sich, indem er dieser Priorität über die anderen einräumt. Empathie ist eine *„Konsequenz der Parteinahme".* [62] Es entsteht ein Zugehörigkeitsgefühl. Die Kriterien für diese Entscheidung können laut Breithaupt strategisch sein und den Stärkeren bevorzugen, sie können eine Figur ethisch bewerten oder sie zielen auf den Underdog, der

---

59 Wulff, Hans J.: Das empathische Feld. In: http://www.derwulff.de/.
60 Ebd., vgl. auch: Bruun Vaage, Margrethe: Empathie.
61 Dabei widerspricht er Fritz Breithaupt, der narrative Empathie auf konflikthafte Dreierszenen beschränkt. Eder beschreibt Empathie in Konfliktszenen, aber auch emotionale Nachklang-Szenen, entdramatisierten Informationsszenen (in denen Konflikte nicht ausagiert werden) und Szenen, in denen sich der Zuschauer situationsbezogen in eine Figur und ihr Ziel, gegebenenfalls auch in den Antagonisten hineinversetzt.
62 Breithaupt, Fritz: Kulturen der Empathie, S. 156, aber auch 152ff.

das Leiden und die Opferrolle verkörpert (Breithaupt nennt dies selbstreflexive Entscheidung).

PRAKTISCHE ÜBERLEGUNGEN

Mit diesen Anhaltspunkten deutet sich eine Brücke zur Praxis an. Denn es gibt einige, vor allem bei Best-Practice-Analysen erkennbare Mechanismen, die dazu beitragen, eine Parteinahme anzuregen oder zu verstärken. Meistens bezieht sich das auf den Umgang mit Filmanfängen. Ihnen kommt eine besondere Rolle zu, da die allererste Parteinahme als Voraussetzung jedweder Empathie am Filmanfang bei der Etablierung der zentralen Figuren erfolgt. In Anbetracht der Flüchtigkeit von Empathie, gilt es allerdings, solche Auslöser im Laufe einer Filmgeschichte immer wieder neu zu setzen oder daran zu erinnern:

- Auf einer ethischen Bewertung basiert beispielsweise der von Blake Snyder beschriebene Save-the-Cat-Mechanismus, der die Parteinahme zu Beginn einer Geschichte auf den Charakter lenkt, der sich für einen Schwächeren einsetzt. Die Figur zeigt damit Menschlichkeit und soziale Kompetenz.
- Ein viel benutzter Standard ist auch die Möglichkeit, eine Figur durch einen ideellen Bezug positiv zu besetzen. Der Zuschauerin scheint zu gefallen, dass viele Kommissare nicht aus egozentrischen oder banalen Motiven arbeiten, zum Beispiel um ihren Lebensunterhalt zu verdienen. Stattdessen kämpfen sie für Wahrheit oder Gerechtigkeit. Andere Figuren glauben an Freundschaft oder die Schönheit der Mathematik.[63] Eine ethische Bewertung im Sinne Breithaupts wäre auch die Parteinahme für eine solche Figur.
- Strategisch wird es hingegen, wenn die vorhandenen Figuren-Modelle der „New School" von John Truby, Laurie Hutzler und ande-

---

[63] Vgl. Eder, Jens: Die Wege der Gefühle. Ein integratives Modell der Anteilnahme an Filmfiguren. In: Brüttsch, Matthias u.a. (Hg.): Kinogefühle. Emotionalität und Film. Marburg 2005, S. 234f.

ren die besonderen Stärken einer Figur deutlich herausheben wie Mut, Klugheit, Charme, Witz oder die Begabung, Klavier zu spielen. (Eine ambivalente Figur besitzt auch Stärken!). Für den Ablauf vieler dramatischer Geschichten ist es sinnvoll, diese Eigenschaften bei der Etablierung der Figuren zum Ausdruck zu bringen. In einigen Fällen (BREAKING BAD, DEXTER) werden die besonderen Stärken eingesetzt, um einer Figur, die sich nach dem Prinzip der Selbstermächtigung über gesellschaftliche Regeln oder über Leben und Tod erhebt, eine besondere Faszination zu verleihen.[64]

- Des Weiteren hat sich – in vielen Filmen erkennbar – auch in verschiedenen Dramaturgieseminaren der Begriff „unverdientes Leid" etabliert, mit dem in einer Phase zu Beginn einer Geschichte die Parteinahme angeregt werden soll. Für den Zuschauer wird dabei die Opferrolle der Figur relevant.

Vielfach werden Hauptfiguren mit einer Kombination dieser Empathie-Anker in unterschiedlich starker Ausprägung besetzt: Walter White behauptet zu Beginn von BREAKING BAD, er habe alles nur für seine Familie getan (Save-the-Cat, Familie als Ideal). Er wird als Chemiegenie etabliert (Stärke 1). Obwohl er sich mit erstaunlichem Durchhaltevermögen (Stärke 2) darum bemüht, seine Familie mit zwei Jobs zu finanzieren, wird er gedemütigt und erhält eine Krebsdiagnose (unverdientes Leid).

In eine vergleichbare Richtung, allerdings ohne Berücksichtigung der besonderen Stärken, zielen auch Roland Zags Überlegungen zum Human Factor. Ausgangspunkt ist das unverdiente Leid: *„Wenn Figuren nur klar genug benachteiligt erscheinen, entwickelt sich das Mitgefühl fast zwangsläufig. [...] Die wichtigste Person für den Zuschauer ist somit diejenige, die am meisten unter den Umständen der Geschichte leidet. Dabei ist es wichtig, dass der Benachteiligte ohne eigenes Verschulden in die Rolle des Opfers gerät."* [65]

---

64 Vgl. Eisele, Sabrina: Entgrenzte Figuren des Bösen. Film- und tanzwissenschaftliche Analysen. Bielefeld 2016, S. 72ff.
65 Vgl. Zag, Roland: Der Publikumsvertrag, S. 31.

Zag entwickelt daraus weitreichende Überlegungen zur Darstellung zwischenmenschlicher Beziehungen, die dazu beitragen, die emotionale Resonanz zu steigern. Im Vordergrund stehen Begriffe wie Geben und Nehmen, Loyalität und Illoyalität, Austausch und Schuld. Ein Kerngedanke ist, dass die Zuschauerin auf einen sozialen Ausgleich zwischen den Figuren hofft. Somit schließen Zags Überlegungen einzelne Mechanismen wie Save-the-Cat mit ein – eine Figur unterstützt die andere. Auch den Aspekt des ideellen Bezugs leitet er daraus ab, denn *„künstlerische, soziale und wissenschaftliche Leistungen werden oft als Beiträge für viele Menschen aufgenommen.“*[66] Zag vereint im Human Factor zwei unterschiedliche Aspekte: Es geht um die Empathie des Zuschauers, die sich durch das Verhalten des Ensembles untereinander in einem sozialen Gefüge entfalten soll.

Eine Parallele zu Zags Überlegungen, vor allem aber ein Verweis auf die besondere Welt der Geschichte, findet sich auch bei Blake Snyder, der etwas ganz Grundsätzliches anführt, nämlich dass die Bewertung einer Figur immer im Rahmen der Welt der Geschichte erfolgt: *„When your hero is slightly damaged goods, or even potentially unlikeable, make his enemy more horrible.“* [67] Im Umkehrschluss heißt das: In einem Film mit freundlicher Tonalität und positiven Figuren, sollte der Protagonist noch stärker zur Parteinahme einladen als seine Freunde. Und in einer düsteren, schrecklichen Welt braucht er nur einen Tick Empathie anregender zu sein als sein Gegenspieler.

Keine Rolle spielt bei beiden Ansätzen allerdings die intime Beziehung des Zuschauers zu einer einzelnen Figur. Wie bereits unter „Filmwissenschaftliche Überlegungen" ausgeführt, ist nämlich auch denkbar, dass der Zuschauer eine Figur weniger im Kontext wahrnimmt, sondern direkt mit seinem eigenen Erleben in Beziehung setzt, weil sie zum Beispiel einen für ihn nachvollziehbaren Schicksalsschlag erlebt. Dementsprechend fällt auch auf, dass bei Snyder und im Human Factor der Aspekt der besonderen

---

66 Vgl. ebd., S. 53.
67 Snyder, Blake: Save the Cat, S. 122.

Stärken eines Charakters unberücksichtigt bleibt, insofern der Zuschauer die Figur nicht nur im Verhältnis zur Welt der Geschichte, sondern auch im direkten Vergleich mit sich selbst bewundern kann.

ZUSAMMENFÜHRUNG

An dieser Auflistung wird deutlich, dass in Bezug auf den filmwissenschaftlichen Aspekt der Parteinahme unabhängig voneinander bereits einige praktische Überlegungen und Ansätze existieren. Es wird aber auch spürbar, dass dabei die Grenzen des Empathiebegriffs überschritten werden und es insgesamt um eine Art grundsätzlicher Gefühlsbindung geht. Denn Empathie steht im Kontext eines ganzen Gefüges, das sich über das bloße Sich-Hineinversetzen oder Verstehen hinaus mit weiter gehenden Empfindungen mischt wie Sympathie (oder Antipathie), Mitleid, Mitgefühl, aber auch Identifikation, Faszination und Interesse sowie Neugier.[68] Diese Empfindungen lassen sich kaum trennen, tragen in ihrer Gesamtheit aber dazu bei, die Immersion des Zuschauers noch zu verstärken.

Kaum eine Rolle spielt in den praktisch ausgerichteten Handbüchern bislang die filmwissenschaftliche Überlegung der empathischen Episode oder Szene, nach der es in Filmgeschichten gilt, das Spannungsfeld der Gefühlsbindungen entsprechend der Erzählabsicht immer wieder neu zu justieren. Denn es kann in bestimmten Phasen auch Ziel der Stoffentwicklung sein, dass der Zuschauer mit anderen Figuren, auch dem Antagonisten, mitempfindet und dessen Beweggründe emotional nachvollzieht.

Diese Überlegungen zur Parteinahme sind nur ein erster Schritt. Denn über diese Mechanismen hinaus können weitere dramaturgische und

---

68 Die Begriffe werden gemeinhin in diese Richtung definiert: Identifikation entspricht einem emotionalen Gleichsetzen mit einer anderen Person; Sympathie entsteht bei positiver Bewertung eines empathisch gefühlten Verhaltens, Antipathie bei Ablehnung; Faszination beinhaltet eine bewundernde Distanz im positiven und/oder negativen Sinne; Neugier entsteht vor allem durch eine geweckte Erwartungshaltung. Neben der Unterscheidung der Begriffe nach John Truby erläutern auch Gunther Eschke und Rudolf Bohne diese Mechanismen (mit Ausnahme von Identifikation und Sympathie). Eschke, Gunther und Bohne, Rudolf: Bleiben Sie dran! Dramaturgie von TV-Serien. Konstanz 2010, S. 82ff. Truby, John: The Anatomy of Story, S. 75ff.

filmische Techniken auch dazu beitragen, das Mitfühlen des Zuschauers zu stärken und empathische Episoden oder Szenen mit einem möglichst lang anhaltenden Nachklang zu versehen. Ohne dies weiter auszuführen, listet Jens Eder in einem seiner Aufsätze eine ganze Reihe von Möglichkeiten auf, die auch geeignet sind, Empathie insgesamt zu verstärken – im Folgenden ergänzt um meine Interpretationen, die einen dramaturgischen Fokus haben:

- *„[...] eine ‚realistische' Darstellungsweise"* – die Nähe zur Welt des Zuschauers erleichtert das Eintauchen;
- *„eine zurückhaltende Informationsvergabe"* – Empathie entsteht besonders dann, wenn sich der Zuschauer sein eigenes Narrativ über die Figur zurechtlegen muss (narrative Empathie);
- *„ein langsames Erzählen, das Zeit für Imagination lässt"* – ermöglicht ein intensives Annähern;
- *„die Darstellung interessanter (Konflikt-)Situationen"* – fordert verstärkt zur Parteinahme auf und ermöglicht, sie immer wieder zu erneuern;
- *„vielschichtige Figuren mit akzeptablen Werten"* – erhöhen die Aufmerksamkeit und lenken die Parteinahme;
- *„das raumzeitliche Begleiten dieser Figuren"* – wenn der Zuschauer die Welt der Figur kennt und diese im Ablauf präsent ist, kann er sie intensiver nachvollziehen;
- *„die immersive, konkrete und anschauliche Darstellung situativer Affektreize"* – das bloße Beobachten von anderen führt zu Empathie;
- *„die Zurschaustellung physischer Aktion und intensiver Emotionsausdrücke der Akteure"* – der Zuschauer lässt sich von starken Emotionen der Figur anstecken;
- *„die Darstellung des Innenlebens durch subjektive Fokalisierung"* – je mehr der Zuschauer über eine Figur erfährt, desto mehr Empathie kann er entwickeln;

- *„explizite oder implizite Appelle von Erzählinstanzen"* – wie beispielsweise Voiceover, das dem Zuschauer emotionale Orientierung gibt;
- *„sowie ein expressiver Stil"* [69] – erhöht das Gefühlslevel und damit auch die Empathiebereitschaft.

Diese Techniken oder Stilmittel können nur als erster Beitrag zu einer erforderlichen Diskussion verstanden werden und es gilt, sie in den Bereich der Praxis zu überführen. Einige, wie das *„Zurschaustellen intensiver Emotionsausdrücke der Akteure"*, lassen sich nur in einzelnen empathischen Episoden nutzen. Die meisten haben jedoch wesentliche Auswirkungen auf die Erzählweise einer Geschichte im Ganzen, lassen sich aber nicht auf jede Erzählabsicht beziehen.

Ohnedies muss die durchgängige Verstärkung von Empathie und eine Vertiefung der Immersion nicht unbedingt das Ziel jedes Filmprojektes sein. Auch wenn Gundolf Freyermuth diskutiert, ob das immer intensivere Eintauchen in Fiktionen *„so etwas wie eine Sehnsucht der Epoche"* [70] ist: Viele Filme spielen bewusst mit den Polen Nähe und Distanz. Bewegungen wie die Berliner Schule in den ooer Jahren zeigen, dass und wie es gerade darum gehen kann, empathische Gefühle des Zuschauers soweit möglich zu blockieren. Neben Empathie gibt es zudem noch weitere emotionale Wirkmechanismen in Filmen, die auf Überraschung, Überwältigung oder Abscheu zielen. Und ergänzend wird noch eine ganz andere Empathie-Variante von Breithaupt diskutiert: Beim empathischen Sadismus entsteht Mitfühlen, weil der Beobachter das Leiden der Figur benötigt, um emotional in die Geschichte involviert zu sein. Der *„sadistische Voyeur"* [71] will das Unglück der Figur. Daraus lässt sich ableiten: Das Bedürfnis, empathisch in fiktive Charaktere einzutauchen, kann unter Umständen auch der Sehnsucht entspringen, stärkere, exzessivere oder gar befremdlichere Gefühle

---

69   Eder, Jens: Empathie und existentielle Gefühle im Film, S. 261f.
70   Freyermuth, Gundolf S.: Games. Game Design. Game Studies. Eine Einführung. Bielefeld 2015, S. 110.
71   Breithaupt, Fritz: Kulturen der Empathie, S. 182.

zu empfinden/mitzuempfinden, als im eigenen Leben möglich oder erlaubt sind. Die Parteinahme erfolgt dann fernab oder gerade entgegen ethischer Kriterien. Daran wird deutlich: Der Prozess der Empathiebildung durch Film- und Seriengeschichten öffnet ein großes Spielfeld von Aspekten.

DIE WICHTIGSTEN THESEN

- Der stärkere Fokus dramaturgischer Handbücher auf Dilemma-figuren in ihrem moralischen Kontext erlaubt auch einen neuen Blick auf ihre Ambivalenzen. Typenmodelle bauen darauf auf, indem sie den Figuren ermöglichen, von einem Grundantrieb aus in verschiedene Richtungen zu agieren.

- Zur Empathie-Anregung des Zuschauers stehen bislang einige mehr oder weniger umfassende Überlegungen unverbunden nebeneinander. Noch weitgehend unklar ist außerdem, ob und wie sich filmwissenschaftliche Überlegungen zum episodischen Charakter von Empathie oder zur Intensivierung der empathischen Wirkung in die Praxis überführen lassen.

PANORAMA

GESELLSCHAFTLICHER BEZUG

Offenbar hat sich mit den Überlegungen zu Dilemma und Typus ein tieferes Verständnis für die Psyche von Figuren und deren Ambivalenzen herausgebildet. Dies kann als positive Entwicklung in Richtung „genauer, tiefer, interessanter" verstanden werden, hat darüber hinaus aber auch einen soziokulturellen Bezug. Die aktuell starke Fokussierung auf Charaktere, die stets mit inneren Konflikten kämpfen und zwischen Werten hin und her gerissen sind, könnte Ausdruck von Individualisierung und Pluralisierung in einer postideologischen Gesellschaft mit vielfältigen Lebensstilen sein, in der der Einzelne nicht mehr durch ein festgefügtes Wertesystem geprägt ist. Stattdessen ist es seine Hauptaufgabe, sich eine eigene Identität und damit auch eine dazu passende Position innerhalb der Gemeinschaft zu suchen und zu erkämpfen. Da die Wahlmöglichkeiten und eigenen Dilemmata vielfältig sind, ist diese nicht unbedingt stabil. Das aufgezeigte neue dramaturgische Verständnis von Figuren würde damit auch widerspiegeln, was den zeitgenössischen Zuschauer existenziell beschäftigt. Er befände sich mit sich, seiner Umgebung und deren unterschiedlichen Werten in einem stetigen Kampf um die eigene Identität, ohne eine verbindliche Orientierung. Vermutlich ist der Trend zum multiperspektivischen Erzählen mit ambivalenten Figuren, wie er sich in Quality-Serien findet, auch ein Zeichen dafür, dass sich bestimmte Zuschauer nicht mehr unbedingt in eine einzige, zumeist positiv besetzte Figur einfühlen möchten. Ein größeres Ensemble bietet mehr Auswahl zwischen unterschiedlichen Identitäten und ist stärker auf das Erzählen einzelner empathischer Phasen ausgerichtet als herkömmliche Heldengeschichten.

Gerade deshalb ist am Empathiegedanken interessant, dass er ein identitätsstiftendes Element enthält. Zumindest für einige Zeit bindet sich der Zuschauer an eine Figur und hat das Gefühl, in einem bestimmten Modus angekommen zu sein. Empathie beeinflusst die Gefühle und damit auch das Welt- und Selbstempfinden.

Demgegenüber wirkt dies bei Geschichten mit einer zentralen Figur, die eine starke Bindung anregt, unter Umständen über die Länge des Films hinaus. Beispielhaft dafür singt Udo Lindenberg über einen Jungen, der aus dem Kino kommt: *„Der Junge wäre sehr gerne noch in Arizona geblieben, [...] er hätte gerne noch weitergeträumt, von sich und Charles Bronson, der Charles ist sein Freund. Und nun geht er ganz dicht an den Schaufenstern lang und überprüft darin seinen Cowboygang [...]"* [72]. Der Cowboygang des Jungen ist austauschbar, das vermittelte Gefühl in Filmen abhängig von der Erzählabsicht der Filmemacher und dem kulturellen Kontext. Welche emotionalen Erkenntnisse, aber auch welche Heldenbilder haben die Menschen früherer Jahrzehnte aus dem Kino mit nach Hause genommen? Empathie im Film hat neben den hier angeführten Aspekten auch einen suggestiven, gegebenenfalls manipulativen Charakter. Als Beispiel dafür reicht der Verweis auf das Weltbild der antisemitischen Propagandafilme aber auch der Unterhaltungs- und Durchhaltefilme während der Nazizeit. Schon aus Gründen der Medienkompetenz gälte es, die Dramaturgie des empathischen Mechanismus' genauer zu durchleuchten.

FILM- UND FERNSEHKRITIK DEUTSCHLAND

An einigen deutschen Produktionen fällt auf, dass sie Figuren erzählen, die in erster Linie Funktionsträger der Handlung sind. Filme wie COLONIA DIGNIDAD oder TSCHILLER: OFF DUTY haben zwar auch mehr oder weniger negative Züge. Doch werden diese oft nur behauptet oder exemplarisch an wenigen Stellen illustriert. Sie finden keine konkrete Umsetzung, die in allen einzelnen Szenen durchgehalten wird.

Abträglich wirkt dies vor allem in neuen, horizontal erzählten Serien wie BLOCHIN oder YOU ARE WANTED, die sich an den internationalen Serienboom

---

72 https://www.youtube.com/watch?v=fqC_UBIkZII ab Minute 1:30.

anschließen. Obwohl Serien eine epische Erzählzeit besitzen und davon leben, das Publikum an vielschichtige Figuren zu binden, wird dieses Potenzial in beiden Beispielen nicht ausgereizt.

In YOU ARE WANTED sind die zentralen Figuren, Lukas Franke und Ehefrau Hanna, zwar in Grundzügen als freundliche Durchschnittsbürger der gehobenen Mittelschicht erkennbar. Doch weisen beide keinen spürbaren psychischen Grundantrieb auf, der besondere Stärken oder ein emotionales Manko beinhaltet. Insofern verwundert es auch nicht, dass die Figuren kaum individuelle Eigenschaften zeigen, die sie menschlich verortbar machen.[73] (Könnte Lukas Franke auf besondere Weise humorvoll sein? Hat er ein Faible für Gartenkunst oder die Rolling Stones? Führt er penibel ein Haushaltsbuch, liest er *„Tim und Struppi"* oder Thriller von Dan Brown? Welche persönlichen Riten und Erinnerungen teilt er mit seiner Frau?) Lukas Franke und die anderen YOU ARE WANTED-Figuren suggerieren nur in geringem Maße, dass sie Individuen sind. Sie folgen stattdessen den Anforderungen des Plots. Dementsprechend bietet die Serie dem Zuschauer auch nur schwache Anhaltspunkte für eine empathische Parteinahme. Die Gefühlsbindung des Zuschauers, insbesondere an die Hauptfigur Lukas bleibt indifferent. Dabei würde eine konkrete Ausgestaltung der Figur entsprechend ihrer psychologischen Grundausrichtung dem Zuschauer eine Vorstellung von ihr geben. Der überwiegende Anteil der Kritiker war trotz einiger positiver Aspekte auch nur mäßig begeistert: *„Während die Qualität moderner Serien vor allem in der gründlichen Durchleuchtung all ihrer Charaktere liegt, die oft mit mehr als nur einem Zwiespalt aufwarten, macht es sich „You are Wanted" lieber an der Oberfläche gemütlich. Auch die prominent besetzten Nebenfiguren kommen kaum über den Status von Stichwortgebern hinaus."* [74]

---

73   Immerhin fällt Lukas Franke in Episode 1 dadurch auf, dass er Kaffee mit Red Bull trinkt. Dieses individuelle Product-Placement wird im weiteren Verlauf allerdings kaum mehr aufgegriffen.

74   Preuß, Frank: Warum Matthias Schweighöfers Serie bei Amazon zu brav ist. In: Berliner Morgenpost vom 17.03.2017. http://www.morgenpost.de/

Eine Veränderung im Umgang mit Figuren ist allerdings bei einigen TV-Krimis, insbesondere der Reihe TATORT erkennbar. Einige Kommissare, wie Peter Faber aus dem TATORT DORTMUND, weisen stark ambivalente Züge auf. Meistens sind diese Ermittler traumatisiert. Gleichzeitig neigen sie zu Sucht- und Verdrängungsverhalten, um ihrem eigenen hohen Arbeitsethos gerecht zu werden. Ihr Identitätsgefühl ziehen sie allein aus ihrer aktuellen Tätigkeit als Ermittler. Herkunft, Bildung und Familie, gesellschaftlich anerkannte Werte oder Integrität spielen nur noch eine untergeordnete Rolle. Entsprechend labil ist ihre Verfassung. Hier hat offensichtlich eine Psychologisierung stattgefunden, die bereits (wieder) stereotype Merkmale aufweist.[75]

Doch insgesamt scheinen viele deutsche Produktionen in Bezug auf den Umgang mit Figuren primär aus einer der „Old School" entsprechenden dramaturgischen Haltung heraus entwickelt zu sein. Diese bietet – wie eingangs erläutert – zahlreiche Möglichkeiten, auf dem Markt mit der einen oder anderen Zielsetzung zu reüssieren. Allerdings werden dabei auch die hier aufgeführten Best-Practice-Mechanismen zur Empathiebildung nur gelegentlich angewandt. Die Möglichkeit, dem Zuschauer eine Gefühlsbindung zu bestimmten Figuren in entscheidenden Phasen anzubieten oder zu erleichtern, scheint in der praktischen Dramaturgie oftmals noch ein blinder Fleck zu sein. Dabei könnte ein neuer Blick auf Figuren, gerade bei der Entwicklung zeitgemäßer, ambivalenter Charaktere sowie progressiver Inhalte und Formate, dazu beitragen, den Anschluss an internationale Erfolgsmodelle zu finden oder zu halten.

Gleichzeitig sind die Möglichkeiten dramaturgischer Theorie in Bezug auf den Umgang mit Ambivalenz und Empathie noch lange nicht ausgeschöpft. Es bieten sich verschiedene Themenfelder zum Weiterdenken an.

---

75 Vgl. Fahmüller, Eva-Maria: Geniale Psychopathen, labile Kommissare. Figuren mit psychischen Störungen im aktuellen deutschen Krimi. Master School Drehbuch Edition (eBook), Berlin 2015, Kap. 2.

MÖGLICHKEITEN DER DRAMATURGIE

Die Dramaturgie hat sich insbesondere im Bereich der psychologischen Dimension von Figuren in Bezug auf Dilemma, Typologien und Ambivalenzen bedeutend weiterentwickelt.

Doch trotz der genannten Reformen existieren zahlreiche interdisziplinäre Schnittstellen zu Psychologie und Soziologie, die noch nicht ausgewertet sind: Dramaturgische Tools wie Typenlehren könnten nicht nur gelegentlich auf wissenschaftliche Modelle wie die Belbin-Team-Roles [76] verweisen, sondern diese intensiv diskutieren und deren Erkenntnisse präziser ausschöpfen. Gerade die Arbeits- und Organisationspsychologie sowie der Bereich der Kommunikationstheorie bieten eine Fülle an Anregungen, die für das Entwickeln vielschichtiger, aber gleichzeitig schlüssiger Figuren herangezogen werden könnten. So dreht sich das Persönlichkeitsmodell des „inneren Teams" von Friedemann Schulz von Thun – um nur eines der populärsten Beispiele zu nennen – um innere Konflikte und ihre Außenwirkung. [77] Auch auf den Bereich von Szenen und Dialogen, insbesondere den Umgang mit Subtext, der in Handbüchern nur zum Teil Aufmerksamkeit erfährt, ließen sich verschiedene Modelle und Theorien übertragen.

Darüber hinaus könnte aber vor allem das Weiterführen der Empathie-Diskussion befruchtend sein. Die Entscheidung des Zuschauers für eine Figur verläuft oftmals nicht widerspruchslos, obwohl er aktiv nach einer Möglichkeit zur Parteinahme sucht. Welche Kriterien stehen bei welcher Art der Gefühlsbindung im Vordergrund? Was wirkt bei Batman, was bei Walter White? Wann soll der Zuschauer an den Antagonisten andocken? Und wie lässt sich dies klar initiieren?

Denn es entsteht weniger emotionale Beteiligung, wenn der Zuschauer nicht in eine einigermaßen stabile empathische Episode eintritt, sondern zum Beispiel in derselben Szene zwischen verschiedenen Möglichkeiten

---

76 Jens Becker bezieht sich bei seiner Enneagramm-Dramaturgie auch auf das Modell der Team Roles, entwickelt und 1981 unter dem Titel *Management Teams* veröffentlicht von dem britischen Wissenschaftler und Managementberater Meredith Belbin.

77 Schulz von Thun, Friedemann: http://www.schulz-von-thun.de/.

pendelt. Ein noch besseres Verständnis des empathischen Geschehens würde es Kreativen ermöglichen, die emotionale Beteiligung des Zuschauers entsprechend der Wirkungsabsicht einer Geschichte gezielter zu lenken. Dies gilt nicht nur im Sinne der direkten Achse Zuschauer – Figur oder aber im Sinne personaler Beziehungen innerhalb des Ensembles wie sie bei Roland Zags Human Factor im Vordergrund stehen.

In den Blick rücken könnte auch die Erzählweise als solches. Empathie entsteht nicht nur durch das, was über die Figuren erzählt wird, sondern auch dadurch, wie dies geschieht. Der Zuschauer fügt sich in die Perspektive eines Voyeurs. Er empfindet Lust daran, die Bruchstücke, die er im Film über Figuren erfährt, zu einer eigenen Interpretation zusammenzufügen. Diese narrative Empathie geht noch einen Schritt über alle bisher diskutierten Mechanismen hinaus. Aus ihr ergeben sich weitere Ansatzpunkte für dramaturgische Überlegungen – so zum Beispiel, wie mit einer gezielt lückenhaften oder zeitversetzen Informationsvergabe über Protagonisten die Lust des Zuschauers an der Interpretation einer Figur auf einem möglichst hohen Niveau gehalten werden kann. Durch eine genauere Betrachtung der Empathie könnte demnach sogar ein besseres Verständnis dafür entstehen, wie sich der Zuschauer auch durch Imagination aktiver in Geschichten einbinden lässt.

MIT TRANSMEDIA ZU EINEM NEUEN BLICK AUF RAUM UND ZEIT

Nicht nur ein wachsender psychologischer Diskurs beeinflusst zurzeit die Dramaturgie von Geschichten. Der Blick auf den Erzählraum scheint sich ebenfalls zu verändern. Dabei ist der Markt in diesem Punkt der Dramaturgie weit voraus. Denn maßgeblicher als alle Analysen und Modelle wirkt sich zurzeit ein verändertes Nutzerverhalten in Bezug auf neue Medien wie Games und das Entstehen transmedialer Welten aus. Der Ausgangspunkt für die folgenden Überlegungen sind insofern mediale Entwicklungen, die einen veränderten Blick von Nutzern und Rezipienten auf den Raum nach sich ziehen.

Demgegenüber äußern sich die Vertreter der „Old School" zumeist nur auf ein bis zwei Seiten zur Wahl und Ausgestaltung der Welt der Geschichte.[78] Denn in der Einheitsdramaturgie der 90er Jahre steht die Bewegung der Figur durch die Zeit mit Anfang und Ende, äußerer Handlung und innerer Entwicklung im Vordergrund. Ohne diese Gewichtung grundsätzlich infrage zu stellen, finden sich in einigen Handbüchern der „New School" bereits ausführlichere Hinweise zum Erzählraum. Insbesondere John Truby erläutert Aspekte einer Story World und den Begriff der Arena auf 74 Seiten. Er schließt mit weiteren 37 Seiten über ein Symbol Web an, das ebenfalls als prägend für die Welt einer Geschichte verstanden werden kann: *„Indeed, one of the most important functions of symbol is to encapsulate an entire world, or set of forces, in a single, understandable image."*[79] Doch auch die Ausführungen Trubys scheinen im dramaturgischen Diskurs bislang eher als Seitenaspekt zu gelten, ohne wirkliche Relevanz. Umso wichtiger ist es, auf seine Überlegungen im folgenden Kapitel hinzuweisen.

---

78 Zumeist ist dies sehr vage formuliert: *„Vieles von dem, was in der Welt einer Geschichte wichtig oder unwichtig ist, hängt davon ab, wer in ihr die Hauptrolle spielt, wie die Eigenschaften dieses Menschen und seine besondere Situation beschaffen sind. Daneben hat auch das, was dem Autor vorschwebt, worum es in der Geschichte wirklich geht [...], beträchtlichen Einfluss auf die Welt der Geschichte."* Howard, David und Mabley, Edward: Drehbuchhandwerk. Techniken und Grundlagen. Köln 1998, S, 48f. Vgl. Eick, Dennis: Drehbuchtheorien. Eine vergleichende Analyse. Konstanz 2006, S. 99ff und 317.

79 Truby, John: The Anatomy of Story, S. 236.

Des Weiteren werden einige theoretische Reflexionen aus Deutschland beleuchtet: Marietheres Wagner befasst sich in *„Dramaturgie im Raum"* und *„Prinzip Hollywood"* [80] mit dem Modell einer Arena-Dramaturgie. Darüber hinaus lassen sich zum Verständnis auch ein Aufsatz von Sylke Rene Meyer sowie ergänzend der Begriff der „impliziten Dramaturgie" heranziehen, der von Kerstin Stutterheim genutzt wird. Gemeinsam ist diesen drei Reflexionen, dass sie sich auf Literaturwissenschaftler aus den 70er Jahren, insbesondere den russischen Semiotiker Jurij Lotman beziehen. Seine Überlegungen haben in der Kulturtheorie der ooer Jahren zur Erläuterung eines Spatial Turn eine Neubelebung erfahren.

Inwiefern eine stärkere Gewichtung des Raums auch Auswirkungen auf den Umgang mit der Zeit im Film haben kann, zeigt der zweite Teil dieses Kapitels. Wichtig wird dabei vor allem die Tendenz, mit der Bewegung in der Zeit zu spielen und Linearität aufzubrechen.

Schließlich erläutere ich in „Panorama", inwiefern ein veränderter Umgang mit Raum und Zeit im Erzählen parallel zur zunehmenden Ereignisdichte in der Realität verläuft und dass diese Ereignisdichte nur wenige deutsche Film- und Fernsehproduktionen spiegeln. Abschließend geht es um die Frage, wie eine genauere Betrachtung der Welt der Geschichte und ihrer Facetten sowie ein freierer Umgang mit der erzählten Zeit in der Dramaturgie dazu beitragen kann, eine adäquate filmische Antwort auf die heutige Lebenswelt zu finden.

---

80 Wagner, Marietheres: Prinzip Hollywood. Wie Dramaturgie unser Denken bestimmt. Zürich 2014.
Wagner, Marietheres: Dramaturgie im Raum. Beide Bücher enthalten zum Teil identische Textpassagen.

RAUM

ÜBERLEGUNGEN ZU TRANSMEDIA

Die wachsende Bedeutung des Erzählraums lässt sich vor allem im Kontext des medialen Wandels und dessen Wirkung auf den Rezipienten erkennen. Maßgeblich dafür ist die Verbreitung neuer Empfangsgeräte wie Smartphones und Tablets sowie die weltweite Vernetzung von Inhalten und Nutzern. *„Früher war ein Film ein Film, ein Buch ein Buch, ein Computerspiel ein Computerspiel. [...] Um vielfältige Querbezüge und -verbindungen möglich zu machen, muss man über das einzelne Produkt (Film, Buch, Game) hinausdenken und Projekte als Erzählwelten konzipieren, die verschiedenartig ausgewertet werden können."*[81]

Die Chancen auf Verbreitung einer Geschichte oder besser einer Marke erhöhen sich, wenn die erzählten Inhalte und Themen für verschiedene Medien aufbereitet werden. Es gilt also aufseiten der Macher und Storyteller zahlreiche Andockmöglichkeiten an andere Medien mitzudenken. Dementsprechend pendeln derweil auch viele, nicht zuletzt namhafte Regisseure *„wie Steven Spielberg, Peter Jackson oder John Woo"*[82] zwischen Games und klassischen Erzählformen. *„Kino und Fernsehen sehen sich insofern zunehmend als kulturelle Leitmedien in Frage gestellt. Damit geraten ihre linearen Produkte unter ästhetischen Innovationsdruck – ihre visuelle Gestaltung wie die ihrer Geschichten."*[83]

Insofern er nicht gerade im Kino festsitzt – der Rezipient hat bei transmedialen Welten die Freiheit, seine Kommunikationsmittel nach Möglichkeiten und Vorlieben auszuwählen, gegebenenfalls vom Film zum Spiel zu wechseln, zur Website und wieder zurück – und dabei seine eigene Erzählzeit zu bestimmen. Dies funktioniert inzwischen auch deshalb so gut, weil sich durch die Digitalisierung für alle Medien dasselbe Endgerät nutzen

---

81 Wyngaarden, Egbert van: Neun Impulse für die Medien von morgen. In: Schaefer, Klaus (Hg.): Story Now. Ein Handbuch für digitales Erzählen. München 2016, S. 14.
82 Freyermuth, Gundolf S.: Games, S. 122.
83 Ebd., S. 119.

lässt. Der Weg durch die verschiedenen Angebote einer transmedialen Welt wie beispielsweise das STAR WARS-Universum lässt sich auf einem Bildschirm absolvieren und ist nicht mehr vorbestimmt. Der User surft durch frei gewählte Szenarien, in die er nach eigenem Gutdünken in unterschiedlicher Länge und zu unterschiedlichen Zeitpunkten eintauchen kann. Die einzelnen Elemente des STAR WARS Universums wie der Film STAR WARS: THE FORCE AWAKENS, das Online Rollenspiel AN EMPIRE DIVIDED, der Gebrauch von Apps zu Yodas Jedi-Ausbildung oder der Comic PRINCESS LEIA verweisen aufeinander und existieren gleichzeitig nebeneinander.

Die zeitliche Linearität kann durch einen Wechsel des Mediums jederzeit unterbrochen werden. Der Weg des einen Helden in einem bestimmten Zeitraum durch vorgegebene Sequenzen, Stadien, Beats oder Steps spielt im Transmedialen nur noch bei Teilelementen eine Rolle. Stattdessen wird eine neue Perspektive gängiger. Vergleichbar mit der von Gundolf Freyermuth für den Games-Bereich beschriebenen *„hyperepischen Wende"*[84], erhält die Welt der Geschichte selbst und die Möglichkeit ihrer weiteren Verästelung mehr Gewicht. Mediennutzer und Filmfreunde werden nach und nach mit diesen Systemen vertraut. Die neue Art des Konsums verändert ihre Erwartungshaltung.

Damit die verschiedenen transmedialen Komponenten als Einheit zu erkennen sind, wächst die Bedeutung der spezifischen Welt des fiktionalen Systems.[85] Da sich diese Welt über mehrere Plattformen erstreckt, ist sie entsprechend komplex. Dennis Eick zitiert Inga von Staden als Leiterin des Studiengangs „Interaktive Medien" an der Filmakademie Baden-Württemberg:

---

84 *„Erst in der Fusion des – programmierten und designten – narrativen Potentials virtueller Welten mit der Vielzahl individueller Vorlieben und Entscheidungen, Reaktionen und Interaktionen der Nutzer formen sich im Raumzeit-Dazwischen – Medium – des Spiels die einzigartigen Erfahrungen hyperepischer Narrationen."* Freyermuth, Gundolf S.: Games, S. 81.

85 Nach Jens Eder bedeutet Transmedia *„in einem weiten Sinn nichts anderes als ,medienübergreifend"*. Der Begriff lässt sich jedoch präzisieren. Dann geht es in der hier beschriebenen Bedeutung darum, *„Angebote verschiedener Medien, die inhaltlich formal und zeitlich miteinander verknüpft sind, jeweils einen eigenen, medienspezifischen Beitrag zum imaginativen Gesamterlebnis der durch sie dargestellten Welten, Figuren und Geschichten leisten."* Eder, Jens: Transmediale Imagination. In: Hanich, Julian und Wulff, Hans-Jürgen (Hg.): Auslassen, Andeuten, Auffüllen. Der Film und die Imagination des Zuschauers. München 2012, S. 219f.

„Autoren sollten eine geschlossene Storyworld entwerfen und aus dieser verschiedene Produkte entwickeln, die dann auf den Märkten für Games, Mobile und Internet ausgewertet werden können. In den USA gibt es kein Treatment mehr ohne Storyworld-Bibel." [86] Und Dennis Eick beschreibt für den Games-Bereich: *„In Filmen entwirft der Autor eine Geschichte, in Spielen entwirft er eine Welt."* [87]

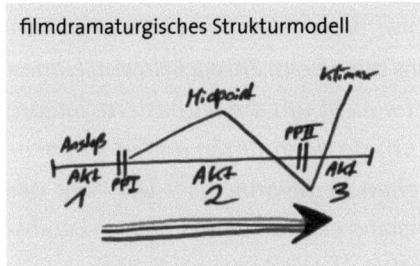

filmdramaturgisches Strukturmodell

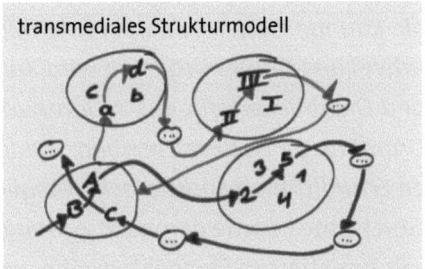

transmediales Strukturmodell

nach Csongor Baranyai

Nachvollziehen lässt sich dies beispielsweise an der BIBI & TINA-Welt – von der Hörspielserie über Kinofilme, Songs, Lernmaterialien, Games und zahlreichen Merchandising-Produkten bis hin zum Live-Musical. Die Handlung ist angesiedelt rund um das Setting „Martinshof" in einem vergnügten und turbulenten Erzählton mit klarem Gut-Böse-Schema. Ein im Kern festgelegtes Ensemble erzählt von einer starken Mädchenfreundschaft sowie den Beziehungen der Mädchen zu Pferden. Durch die so festgelegten Eigenschaften unterscheidet sich diese Welt von anderen. Der Rezipient kann die Fiktion, die dieses transmediale System bestimmt und zusammenhält, von anderen unterscheiden. Und die Macher nutzen die synergetischen Effekte zwischen verschiedenen Medien, um mit der Welt ihres fiktionalen Systems eine Marke zu definieren und Konsumenten auf unterschiedlichen Kanälen zu erreichen.

---

86   Eick, Dennis: Digitales Erzählen. Die Dramaturgie der Neuen Medien. Konstanz, München 2014, S. 196.
87   Ebd., S. 130.

So verändert sich nach und nach nicht nur die Perspektive der Rezipienten. Transmediale Welten werden bei Film- und Fernsehgeschichten zunehmend mitgedacht oder -entwickelt. Demnach könnte in den nächsten Jahren bei einer wachsenden Zahl von Projekten aus unterschiedlichsten Genres und Formaten auch die Gewichtung des Raumes an Bedeutung gewinnen. Die Drehbuchautorin und Regisseurin Sylke Rene Meyer schreibt in ihrem Aufsatz *„Rechts, Links, Oben, Unten I"*: *„Ich glaube, dass die Raumsemantik uns Storyteller nicht nur beim Schreiben von digital narratives und Games begleiten wird, sondern auch beim Entwickeln von Filmen und Drehbüchern für das 21. Jahrhundert – nicht um die zeitbasierte lineare Dramaturgie zu überschreiben, sondern um sie zu ergänzen und in den neuen Erzählformen künstlerische Möglichkeiten zu gewinnen."* [88] Die Welt der Geschichte könnte demnach von einer bislang eher an einer linearen Erzählzeit orientierten Perspektive eine wesentliche Erweiterung erfahren.

KULTURWISSENSCHAFTLICHE ÜBERLEGUNGEN / SEMIOTIK

Um den Zusammenhang von Raum und Zeit zu fassen, verweist Meyer auf den Gedanken des Chronotopos im Rückgriff auf den Literaturwissenschaftler Michael Bachtin. Er definiert in seiner 1975 in Moskau erschienenen Untersuchung *„Formen der Zeit und des Chronotopos im Roman"* den Zusammenhang von Raum und Zeit als ordnende Kategorie. Dabei steht der Raum – eine Art Landkarte mit symbolischem Gehalt – im Zusammenhang mit dem Zeitstrahl, in dem sich diese Landkarte verändert. *„Die Zeit verdichtet sich hierbei, sie zieht sich zusammen und wird auf künstlerische Weise sichtbar; der Raum gewinnt Intensität, er wird in die Bewegung der Zeit, des Sujets, der Geschichte hineingezogen. Die Merkmale der Zeit offenbaren sich im Raum, und der Raum wird von der Zeit mit Sinn erfüllt und dimensioniert."* [89] Bei Bachtin ist die Dimension des Raumes gleichwertig

---

88 Meyer, Sylke Rene: Rechts, Links, Oben, Unten I und II. Grenzüberschreitung und raum-orientierte Stoffentwicklung für Non-linear Storytelling. In: http://filmschreiben.de/.

89 Bachtin, Michail: Chronotopos. Berlin 2008, S. 7ff. Für Bachtin ist der Chronotopos in der Literatur verknüpft mit dem gesellschaftlichen und kulturellen Geschehen der jeweiligen Zeit. In der Historie haben sich unterschiedliche Gattungen und Genres entwickelt. Der Chronotops ist in Form und Inhalt also flexibel.

mit der Zeit. Der Zusammenhang zwischen beiden ist veränderbar und flexibel – nicht nur in Bezug auf die jeweils erzählte Geschichte, sondern auch im gesellschaftlichen und kulturellen Kontext.

Genau wie Sylke Rene Meyer bezieht sich auch Marietheres Wagner zudem explizit auf den Semiotiker Jurij Lotman.[90] Im Gegensatz zu Bachtin ist für Lotman allein die Raumgestaltung das ordnende Prinzip der Sprache und des Textes. Über Bachtin hinaus liefert er eine genaue Beschreibung derselben: Im Rahmen von Sujets (Handlungen) existieren im Raum eines Textes zwei Teilräume wie innen versus außen, gut versus böse, Natur versus Zivilisation. Der Held eines Sujets ist in der Lage, die Grenze zwischen diesen Teilräumen zu überwinden. Auf den Film übertragen bietet Lotmans Ansatz die Möglichkeit, die Welt der Geschichte in zwei gegensätzliche Pole zu unterteilen – so wie es in der dramaturgischen Praxis oft geschieht: zwischen der gewohnten Welt der Protagonistin und dem Abenteuer, zwischen Angst und Sehnsucht, zwischen den beiden Seiten eines Dilemmas. Dabei entsteht Bewegung, also ein Ereignis in der Zeit, allerdings nur, wenn eine Grenze überschritten wird – nicht wie bei Bachtin flexibel im Fluss der jeweiligen Geschichte. *„Eine Konstante in Lotmans raumbezogenen Schriften ist die zentrale Bedeutung, die der Autor jeweils dem Konzept der Grenze zukommen lässt. Ganz gleich ob Lotman den künstlerischen oder den Kulturraum beschreibt, stets bilden Grenzsetzungen und Überschreitungen den entscheidenden Ausgangspunkt seiner Reflexionen."* [91]

Bemerkenswert ist, dass die Theorien von Lotman und Bachtin in den 00er Jahren in fast allen Kultur- und Geisteswissenschaften in Verbindung mit dem sogenannten Spatial Turn erneut diskutiert werden.[92] Als Ausgangspunkt für den Spatial Turn gelten die Geschichtswissenschaften, deren Interesse an geografischen Zusammenhängen seit dem Ende des Kalten Krieges gewachsen ist. Die Entstehung eines Spatial Turn als

---

90 Vgl. Lotman, Jurij: Die Struktur literarischer Texte. München 1972.
91 Frank, Michael C.: Sphären, Grenzen und Kontaktzonen. Jurij Lotmans räumliche Kultursemantik am Beispiel von Rudyard Kiplings ‚Plain Tales from the Hills'. Bielefeld 2012, S. 219.
92 Vgl. Dünne, Jörg: Forschungsüberblick „Raumtheorie", S. 1 und 6. http://www.raumtheorie.lmu.de/.

Kennzeichen der Jetztzeit wird aber auch im Kontext der Postmoderne und der Entwicklung virtueller Räume gesehen. Im Gegensatz zur bislang bevorzugten zeitlichen Dimension erfährt demnach nun der Raum eine stärkere Gewichtung in allen gesellschaftlichen und künstlerischen Bereichen. Raum ist dabei nicht mehr nur als ausgedehnter Ort zu verstehen, sondern als Gemisch aus technischen Möglichkeiten, sozialen Beziehungen, Inhalten und kulturellem Hintergrund. Dabei bedingt auch die Digitalisierung eine ganz neue Art von Raum in Form von virtueller Vernetzung und der Entstehung transmedialer Welten. Der Verweis auf die Theorien von Lotman und Bachtin in der Dramaturgie ist insofern kein singuläres Phänomen, sondern lässt sich mit dem Spatial Turn und der Zunahme transmedialer Inhalte in einem größeren Zusammenhang verorten.

Wie bereits angeführt, ist der Raum nicht nur im Rahmen seiner Abmessungen, sondern auch durch seinen Inhalt aus Figuren oder Zuständen definiert. Im Film sind diese Elemente – im Gegensatz zum Text – visualisiert, also im Bild direkt zu sehen. Das Medium Film illustriert Lotmans Raumprinzip. Doch darüber hinaus geht es nicht nur um physisch Wahrnehmbares. Die Elemente eines Raumes verweisen auch auf eine tiefer liegende Bedeutung. John Truby setzt seiner Beschreibung der Story World voraus: *„the ‚visual' that really affects the audience is the world of the story: a complex and detailed web in which each element has story meaning [...]"*.[93] Auch Marietheres Wagner bezieht die ursprüngliche Bedeutungsebene mit ein: *„Denn erstens können Bilder konkret nur im Raum gezeigt werden, d.h. der Raum ist per se die Ebene des Visuellen. Zweitens beinhaltet der Raum nicht nur topographische Merkmale, sondern auch semantische, d.h. der Raum ist zugleich die Ebene auf der sich Bedeutungen abbilden."*[94]

In erster Linie bezieht sich die Bedeutung der Elemente eines Raums auf die Welt innerhalb der Geschichte, also auf die Funktionen und Beziehungen zueinander wie beispielsweise der Aufstellung des gesamten Figuren-

---

93 Truby, John: The Anatomy of Story, S. 145.
94 Wagner, Marietheres: Dramaturgie im Raum, S. 9.

ensembles. Doch verweisen die semantischen Bedeutungen im Sinne des Spatial Turn immer auch auf die Außenwelt und den Kontext, in dem sich beispielsweise ein Film als Ganzes verorten und verstehen lässt: durch Bezüge zur Lebenswelt und Kultur, durch die Verwendung von Narrativen und Metaphern. Dies eint alle hier angeführten Überlegungen: *„Lotman begnügt sich folglich von vornherein nicht damit, räumliche Modelle in ihrer strukturbildenden Wirkung in literarischen Texten zu analysieren, sondern bringt den „künstlerischen Raum" mit dem durch ihn zum Ausdruck kommenden kulturell geprägten „Weltbild" in Zusammenhang."*[95]

Diese zweite, über das Werk selbst hinausweisende Ebene, ist auch bedeutsam für die Wirkung und Tragweite eines Films. Sie weist Parallelen zur Vorstellung der impliziten Dramaturgie von Kerstin Stutterheim und Christine Lang auf, die sich ebenfalls auf Lotman beziehen. Dabei geht es um das, was ein Film über seine wahrnehmbaren Elemente hinaus transportiert, was ihm eine übergeordnete Relevanz verleiht: *„Filme mit einer effektiv genutzten Ebene der impliziten Dramaturgie wirken intensiver und bleiben länger im Bewusstsein. Eine komplexe implizite Dramaturgie findet sich in den Filmen Andrej Tarkowskis bis zu Roman Polanski, Martin Scorsese oder Christian Petzold. [...] Stanley Kubrick oder David Lynch [...]. Auf unser Welt- und Zeitwissen referierend, regt es unser Unterbewusstsein an, führt dazu, dass wir die Filmerzählung zu unserem Leben und unseren Erfahrungen in eine über das Private hinausgehende Beziehung setzen oder als Metapher lesen können."*[96]

ZUSAMMENFÜHRUNG

So betrachtet wird der Erzählraum, oder offener formuliert, die Welt der Geschichte zu einem wesentlichen Element des Erzählens. Die Bedeutung

---

95 Frank, Michael C.: Sphären, Grenzen und Kontaktzonen, S. 221.
96 Kerstin Stutterheim führt die implizite Dramaturgie zurück auf den *„von Aristoteles benannten Aspekt der ‚Denkweise' (diánonia)"*. Stutterheim, Kerstin und Kaiser, Silke: Handbuch der Filmdramaturgie. Das Bauchgefühl und seine Ursachen. Babelsberger Schriften zur Mediendramaturgie und -Ästhetik 1. Frankfurt/Main 2011, S. 57 und 59f. Vgl. Lang, Christine: Implizite Dramaturgie in der Fernsehserie BREAKING BAD. In: http://www.kino-glaz.de/archives/35.

eines Filmstoffes entwickelt sich nicht mehr nur mit Blick auf die Zeit – durch die innere Entwicklung der Hauptfigur und der Aussage, die dadurch am Ende entsteht. Wie beim Aufbau transmedialer Systeme bereits ausgeführt, könnte es für die Dramaturgie mancher Filmgeschichten hilfreich sein, die Elemente zunächst im Raum zu betrachten und erst dann ihre Bewegung miteinzubeziehen. Marietheres Wagner, die mit Raum, Zeit, Figuren und Handlung vier dramaturgische Ebenen skizziert, nennt als Kriterium für den Ausgangpunkt des Erzählens: *„Es geht darum, zu erkennen, welches Prinzip für die Dramaturgie [einer Filmgeschichte] als [sic!] das prägende ist."* [97]

John Truby, dessen Ansatz insgesamt von Strukturüberlegungen und damit durch die Zeitachse dominiert wird (*„When we talk about the structure of a story, we talk about how a story develops over time."* [98]), eröffnet die Möglichkeit, eine Story World unabhängig vom Handlungsablauf zu entwickeln. Er gibt schrittweise vor, zunächst aus dem *„designing principle"* eine Arena zu definieren, darin Gegenpole zu entwickeln, diesen konkrete Bausteine zuzuweisen, um erst dann die so geschaffene Welt in den Zeitablauf und die Story Steps zu integrieren. [99]

Entscheidend bei Truby, aber auch bei Wagner [100] ist zum einen der Gedanke, dass der Erzählraum in zwei Teile unterteilt ist. Darüber hinaus spielt die Vorstellung des Raums als Arena eine wichtige Rolle. Truby ordnet die Teilwelten innerhalb der Arena an und empfiehlt, sie gegensätzlich zu gestalten. Ein Beispiel dafür ist der schlammige, menschenleere Außen-

---

97 Wagner, Marietheres: Prinzip Hollywood, S. 81.

98 Truby, John: The Anatomy of Story, S. 39.

99 Vgl. ebd., S. 147ff.

100 Trubys Überlegungen wirken pragmatisch gegenüber der Arena, die Wagner beschreibt. Für sie ist die Arena ein Erzählraum mit stereotyp wiederkehrenden Elementen. Die eigentliche Gegenwelt befindet sich außerhalb davon. Kulturgeschichtlich relevant erzählen lässt sich für sie nur mit einer Hauptfigur, die die Außengrenze der Arena als den gewohnten Erzählraum überwindet. Allein so entstehen Textwelten, die *„über die Grenzen des bereits Bekannten im kulturellen Wissen hinauskommen."* Damit zieht Wagner auch eine ideologische Grenze zwischen einer standardisierten Arena-Dramaturgie (möglicherweise als Unterhaltung zu verstehen) und kulturell Wertvollem (möglicherweise als Kunst zu verstehen). Das ist ein ambitionierter Anspruch, der die Perspektive aber nur ein Stück weit hin zu einer Dramaturgie des Raums verschiebt. Zwar wird der Raum innerhalb der Arena auch bei Wagner gesondert betrachtet, doch die Überwindung seiner Außengrenze bleibt auf die lineare Entwicklung einer Hauptfigur in der Zeit zentriert. Wagner, Marietheres: Dramaturgie im Raum, S. 199ff und 262.

posten von John Dunbar in DER MIT DEM WOLF TANZT gegen das paradiesische Sioux-Dorf in blühender Natur mit spielenden Kindern. Dies lässt sich mit Lotmanns Zwei-Welten-Theorie und der Grenzüberschreitung in Bezug setzen, auch wenn Truby die Übergänge zwischen den Teilräumen flexibler formuliert: Er listet vier unterschiedliche Varianten, wie sich die einzelnen Teile in eine Arena fügen: 1. der Erzählraum ist in mehrere einzelne Parzellen unterteilt, 2. die Reise des Protagonisten führt entlang einer sich verändernden Linie in eine andere Teilwelt, 3. die Protagonistin gelangt von der gewohnten Welt auf einer Reise durch die Fremde wieder an den Ausgangspunkt zurück, 4. der Protagonist wird aus seiner gewohnten, in eine auf den ersten Blick konträre Welt geworfen. Deutlich wird, dass der Raum bei Truby in den Varianten 2., 3. und 4. letztlich dem Zeitstrahl dient. Grenzüberschreitungen zwischen den Welten markieren die wesentlichen Wendepunkte der Handlungs- und Figurenentwicklung.

Dazu passend lässt sich zurzeit bei deutschen Produktionen wie WILLKOMMEN BEI DEN HARTMANNS und IN ZEITEN DES ABNEHMENDEN LICHTS eine Tendenz zu breiteren, räumlichen Strukturen erkennen, trotz Entwicklung in der Zeit und unter Umständen auch mit Auflösung und glücklichem Ende. Insgesamt und im Kontext einer sich allmählich verändernden Wahrnehmung der Rezipienten könnte also der Erzählraum bewusster ausgestaltet werden – vom bloßen Setting zu einer genau definierten Welt der Geschichte inklusive ihrer Symbole und Metaphern, so wie John Truby es als einen möglichen Ausgangspunkt für den zeitlichen Ablauf beschreibt.

Wesentlich scheint der Blick auf den Raum im filmischen Erzählen aber vor allem dann, wenn Geschichten nicht auf einen Protagonisten zentriert sind, sondern ein gesellschaftliches Panorama entwerfen. Erkennbar ist diese Perspektive in einigen multiperspektivisch angelegten (Quality-)Serien. Eine groß und detailreich angelegte Serienwelt lässt sich im Rahmen der ausgedehnten Erzählzeit des Formates über viele Folgen und gegebenenfalls mehrere Staffeln eingehend erzählen und betrachten. So thematisiert beispielsweise THE WIRE den Drogenhandel in Baltimore und rückt dabei die verschiedenen Facetten der Kriminalität in der Stadt ins Zentrum. Die Figuren aus ganz verschiedenen Milieus – von Dealern über Abhängige, Polizisten, Lehrern, Hafenarbeitern bis hin zu Politikern – sind in ihrem Handeln character-driven erzählt, doch sie sind vor allem ein elementarer Bestandteil einer Welt, die sich im Laufe der Zeit nicht zum Besseren entwickelt und am Ende unheilbar bleibt.

Doch was macht den besonderen Erzählraum in Filmgeschichten aus und welche konkreten Überlegungen gibt es zu seiner Beschaffenheit? Bei John Truby, Marietheres Wagner und Sylke Rene Meyer sind unter anderem gelistet: Schauplätze und ihre Grenzen, Figuren und ihre Orchestrierung, Beziehungen, Genre-Elemente, Objekte, Metaphern, symbolische Aufladungen, ein emotionales Thema, Schlüsselszenen, Zeitpunkte, Wege, sowie die Möglichkeiten der Bewegung durch Rituale, Gesetzmäßigkeiten und Normen. Diese Aspekte können als eine erste Sammlung für eine Dramaturgie des Raums verstanden werden, die jeweils eingehender zu diskutieren wären. Und so wie sich nach Truby zumindest mit einigen davon eine Story World als Ausgangspunkt für eine Geschichte erschaffen lässt, wäre der nächste Schritt, weitere Herangehensweisen mit jeweils mehr oder weniger Raum- oder Zeit-Dominanz zu entwickeln und zu testen.

Vor allem bei seriellen Formaten sind diese Überlegungen längst konkret: Hilft es dem Inhalt und der Wirkungsabsicht, dem Erzählraum eine größere Relevanz einzuräumen, ihn unter Umständen sogar ins Zentrum des Geschehens zu rücken? Im Hinblick auf eine stärker von der Welt der Geschichte ausgehenden Denkweise gälte es demnach unter Umständen nicht plot- oder character-, sondern vielmehr (eine neuer Begriff!) world-driven zu entwickeln: Der Raum führt dabei zu Figuren, deren Bewegungen im Raum einen zeitlichen Ablauf, einen Plot erzeugen. Andersherum gesagt: Der Plot ergibt sich aus der Bewegung der Figuren in der Zeit, entsprechend ihrer Möglichkeiten im Raum. Entscheidend dabei ist: Je mehr der Raum die Einheit einer Geschichte konstituiert, desto weniger wichtig erscheint im Gegenzug ihr linearer Ablauf in der Zeit.

ZEIT

Die Ausweitung des Raums hat Einfluss auf die Rolle der Zeit. Sylke Rene Meyer setzt dies in einen Zusammenhang: *„Dabei ist es oft so, dass die Zeit wichtiger wird, je beengter der Raum ist; und umgekehrt je weniger wichtig die Zeit ist, desto größer wird der Raum. Im road movie zum Beispiel dehnen wir Raum und fahren über weite Strecken, aber die Dauer der Reise spielt oft nur eine untergeordnete Rolle. In Gefängnisfilmen dagegen verdichten wir den Raum – auf die Zelle – und die Zeit spielt eine ganz hervorragende Rolle: 12 years a slave, lebenslänglich.“* [101] Demnach lässt die besondere Ausbreitung des einen das andere im Gegenzug unwichtiger werden: Je größer und faszinierender der Raum gestaltet ist, desto weniger dominiert die Zeit. Je beengter und uninteressanter der Raum, desto wichtiger wird das Eintauchen in die Tiefe der Zeit. Gründe dafür könnten sein: die begrenzte Erzählökonomie eines Films oder auch die eingeschränkte Aufmerksamkeit des Zuschauers. Der Blick in eine Dimension erschwert die Wahrnehmung der anderen.

Interessant wird diese Überlegung in Anbetracht dessen, dass eben nicht der Raum, sondern die Zeitachse in der Tradition der „Old School" das wesentliche Element des Erzählens ist. Ihre Funktion besteht darin, den Zuschauer mit der Protagonistin zielgerichtet durch ein Abenteuer hin zu einer Katharsis zu führen. Die Betonung liegt dabei auf „führen", denn die derart dramatisierte Geschichte zieht ihren Sinn aus der Klimax, auf die sie zuläuft und auf die die einzelnen Elemente ausgerichtet sind. Es ist dem Zuschauer zwar möglich, die Immersion zu verweigern, doch sind sind alle Elemente daraufhin angelegt, dass er sich seinen Eindrücken hingibt, damit im 3. Akt eine als universal verstandene Sehnsucht erfüllt (oder enttäuscht) wird. Angesichts dieser zielorientierten Dynamik spielen Aspekte des Raums in herkömmlichen Dramaturgien eine rein funktionale Rolle.

---

101 Meyer, Sylke Rene: Rechts, Links, Oben, Unten I und II.

Die Tendenz zum Epischen spiegelt sich im Umgang mit den oft unendlichen Weiten transmedialer Systeme in einer extremen Form. Während ein Film, eine Miniserie oder eine Serie zumeist eine in sich abgeschlossene Einheit bilden, entsteht bei transmedialen Welten im Laufe der Zeit oft ein Universum vieler locker verbundener Einzelelemente. Das führt im Idealfall – zielgerichtet oder zufällig – zu einer aktiveren Beteiligung der Nutzer. Jeder Einzelne muss entscheiden, wann und wie lange er in welches Medium eintaucht. Er ist immer wieder sich selbst überlassen und muss wissen, ob er sich aktiv an Diskursen zum Beispiel in Internetforen beteiligt. Dramatische Effekte, die durch eine schlüssige Zeitfolge von Anfang, Mitte und Ende einer Geschichte entstehen, wie die Möglichkeit einer Katharsis zu einem bestimmten Moment, werden nicht mehr zwingend erreicht.

Auf einer viel unmittelbareren Ebene wird er aber auch dazu angeregt, inhaltliche Lücken, die beim Springen zwischen einzelnen Medien entstehen, selbst zu schließen. Jens Eder beschreibt, inwiefern sich populäre transmediale Systeme ganz besonders des Mechanismus' der Auslassung bedienen: *„Die Einzelangebote sind dabei einerseits durch explizite oder implizite Verweise (z.B. Zitate) miteinander verbunden, andererseits durch Lücken, die Neugierde auslösen und durch weitere Angebote möglicherweise gefüllt werden können."* Eder geht davon aus, dass transmediale Systeme zu *„imaginativen Vervollständigungsprozessen"* einladen, indem sie ein *„Gefühl des Mangels [erzeugen], des Sehen- oder Wissen-Wollens, ein [...] Gefühl, dass etwas Relevantes oder Interessantes nicht dargestellt oder bewusst ausgelassen wurde."*[102] Solche Lücken werden mit Alltagswissen, aber auch mit dem Wissen aus anderen Medien gefüllt.

Die Zuschauerin scheint das Bedürfnis zu haben – gegebenenfalls auch Befriedigung dabei zu empfinden –, Auslassungen mit Imagination zu füllen und dafür nach weiteren Anregungen oder Belegen zu suchen. Laut dem Game Designer Csongor Baranyai versteht sich der User gerne als

---

102 Eder, Jens: Transmediale Imagination, S. 230.

Detektiv: *„Er hat dabei spannende Erkenntnisse, ist frustriert, wenn er etwas nicht findet, und freut sich, wenn er Zusammenhänge versteht."* [103] Möglicherweise befördert die Zunahme transmedialer Systeme insgesamt die Vertrautheit der Nutzerinnen mit Bruchstücken, Auslassungen und Ellipsen. Auch in der Dramaturgie aktueller Quality-Serien wird oftmals mit dem Bedürfnis der Nutzer, ein Universum nicht nur zu konsumieren, sondern aktiv zu rezipieren, gearbeitet. Das zeigt sich an der Verwendung von größeren Ellipsen als im Free-TV üblich, dem erhöhten Stellenwert von Geheimnissen und vergleichbaren dramaturgischen Elementen. Offenbar liegt es im Trend, weniger auszuerzählen und die Imagination des Zuschauers deutlich miteinzubeziehen.

Ein bewussterer Umgang mit den Möglichkeiten der Imagination geht einher mit dem aktuellen Trend zum nicht-linearen Erzählen beziehungsweise einem vielfältigeren Umgang mit der Erzählzeit. Denn gerade weil Audiovision per se zeitlich abläuft – Bild/Ton folgt auf Bild/Ton – , besteht die Möglichkeit, Elemente im Plot nicht zwingend entsprechend der Chronologie der Grundgeschichte, sondern auch entsprechend ihrer inhaltlichen, emotionalen oder stilistischen Wirkung zu platzieren. Flashback und Flashforward sind durch aktuelle Quality-Serien wie LOST und TRANSPARENT gängiger geworden. Andere Zeitspiele wie das Nacheinander derselben

---

103 Baranyai, Csongor: Der Transmedia-Storyteller als Krimiautor. In: Story: Now. Handbuch des digitalen Erzählens. München 2016, S. 62. Ein Beispiel dafür ist die Diskussion um die STAR-WARS-Figur Boba Fett. In EPISODE IV – RETURN OF THE JEDI von 1983 stürzt der Kopfgeldjäger Boba Fett in ein Saarlac, eine Art gefräßigen Wüstenschlund. Zahlreiche andere Figuren fanden dort bereits den Tod. Doch seit nunmehr 33 Jahren geben sich Fans nicht damit zufrieden. In Comics, Büchern und Foren wird diskutiert, ob Boba Fett wirklich gestorben ist. Sein Überleben wird in einem Fanfilm gezeigt, seine Rückkehr in der nächsten Kino-Episode auf Twitter gefordert. Nicht direkt nachvollziehbar ist, warum eine Nebenfigur wie Boba Fett, die selten auftritt, wortlos im Hintergrund steht und kaum besondere Eigenschaften oder Empathie-Anker zeigt, einen solchen Hype auslöst. Csongor Baranyai sieht genau in diesem Ungesagten, Unaufgelösten den Grund für den Hype. Gerade die unklare Figur des Boba Fett und ihr plötzliches Verschwinden bietet so große Leerstellen, dass der User leicht zum Detektiv werden und diese mit eigenen Ermittlungen und Intuitionen füllen kann. Wie in einem Krimi kann er dem Rätsel um den Kopfgeldjäger auf den Grund gehen. Der Beginn der User-Engagements für Boba Fett liegt lange zurück. Durch die Digitalisierung und die gewachsenen Möglichkeiten der Kommunikation innerhalb einer Fangemeinde hat die Kampagne in den letzten Jahren einen neuen Schub erhalten. Es wurde vorab viel diskutiert, ob Boba Fett im jeweils nächsten Star-Wars-Film (wie zum Beispiel ROGUE ONE: A STAR WARS STORY von 2016) wieder eine große Rolle spielt – bislang allerdings vergeblich.

Erzählzeit aus jeweils unterschiedlicher Perspektive sind denkbar. So gezeigt wurde das in der Amazon-Serie THE AFFAIR, bei der das Erleben eines Liebespaares in jeder Folge zunächst aus der einen und dann aus der anderen Perspektive erzählt wird.

Andreas Becker sieht im kreativen Umgang mit Zeit im Film ein Element, das besonders geeignet ist, die Fantasie anzuregen. Bei der normalen Bewegungsaufzeichnung erkennt der Zuschauer *„eine sinnliche Entsprechung der filmischen Abbildung (der Ansicht) mit den realen Bewegungen."* [104] Veränderungen wie Zeitdehnung oder -raffung führen dazu, dass die Wahrnehmung für den Zuschauer schwieriger wird. Mit seiner Fantasie greift er auf Wissen und Erfahrungen zurück und ergänzt damit die Bilder zu einem sinnigen Ganzen. *„Weil der Zuschauer mehr ergänzt als üblich, wird das Bild zu einer besonderen projektiven Fläche, es ist sowohl im Fall der Zeitraffung wie auch der Zeitdehnung ein Träger der Imagination."* [105] Obwohl die gebrochene Zeit keine äußere Entsprechung hat, kann sie der Zuschauer mit seinem inneren Erleben in Einklang bringen. Denn *„es ist eine dem Menschen gegebene Fähigkeit imaginativ über Zeit verfügen zu können. Permanent ‚reisen' wir durch die Zeit, wenn wir Pläne machen und über das nachdenken, was wir tun möchten. [...] Oder wir wiedererinnern Vergangenes."* [106]

Es ist in diesem Kontext nur schlüssig, dass ein kreativer Umgang mit Zeit schon seit Langem Bestandteil des audiovisuellen Erzählens ist. Allerdings war dieser bislang zumeist im Arthouse-Bereich angesiedelt. Es scheint, dass durch die transmedial geprägte Wahrnehmung ein offenerer Umgang mit der Zeit auch in populären Formaten gebräuchlicher wird. Gundolf Freyermuth ordnet diesen Trend filmhistorisch ein: *„Inzwischen haben Experimente mit Parallelismen und Asynchronizität – mit der Simulation von Nonlinearität in einem linearen Medium – selbst das Fernsehen erreicht, von 24 und LOST bis zu einzelnen Folgen traditionell erzählter Serien.*

---

104 Becker, Andreas: Erzählen in einer anderen Dimension. Zeitdehnung und Zeitraffung im Spielfilm. Darmstadt 2012, S. 53.
105 Ebd., S. 54.
106 Ebd., S. 12.

Solche Versuche [...] stehen natürlich einerseits im Kontext modernistischer Anstrengungen wie sie etwa Luis Buñuel, Akira Kurosawa oder Jean-Luc Godard unternahmen. Andererseits aber unterscheiden [...] sich [die aktuellen Versuche] deutlich sowohl in ihrer Ästhetik wie in ihrer populären Ausrichtung. Nicht nur ihr breiter Erfolg weist darauf, wie „gamish" sie sind. Insbesondere wirkt ihr Spielen mit Asynchronizitäten und Loops, Real-Time-Modi und zeitlichen Wiederholungen zutiefst von digitalen Spielen inspiriert." [107]

DIE WICHTIGSTEN THESEN

- Raum: Bedingt auch durch die Verbreitung von Transmedia erfährt die Welt der Geschichte als Kontext oder räumlich gedachtes Gesamtkonstrukt zurzeit eine dramaturgisch noch nicht konsequent durchdachte Aufwertung. Dabei geht es nicht nur um äußere Elemente, sondern auch um ein Netz aus Verweisen und Metaphern, das einer Geschichte nachhaltig Bedeutung verleiht.
- Zeit: Gleichzeitig wird es gängiger, die Imagination des Rezipienten durch Zeitsprünge, Auslassungen und Ellipsen anzuregen. Eine strikt lineare Erzählweise verliert bei manchen Formaten an Bedeutung.

---

107 Freyermuth, Gundolf S.: Games, S. 126.

PANORAMA

Gesellschaftlicher Bezug

Ausgehend von Games und transmedialen Erzählweisen erweitert sich der Blickwinkel der Dramaturgie in Bezug auf Zeit und Raum. Dies lässt sich – wie bereits angeführt – auch im Kontext einer grundsätzlicheren Verschiebung wissenschaftlicher und kultureller Perspektiven, im Sinne eines Spatial Turn verstehen. Der Anstoß für einen Spatial Turn wird von verschiedenen Publizisten in unterschiedlichen historischen Ereignissen gesehen – vom Fall der Mauer bis zu den Terroranschlägen 9/11 im Jahr 2001. Weitgehend Einigkeit besteht allerdings bei der Annahme, dass der Spatial Turn durch die Digitalisierung der letzten Jahre zusätzlichen Auftrieb erhält: Die Menge an Informationen, an Eindrücken und an Kommunikation hat sich durch die Vernetzung von Endgeräten vervielfacht. Immer weniger geht es um direkte Erfahrungen, stattdessen zunehmend um medial vermittelten Inhalt. Es scheint angesichts dieser Ströme kaum mehr möglich, an Momenten des Innehaltens und der Auflösung anzukommen, die dem, womöglich auch noch positiven Abschluss einer Geschichte vergleichbar sind. Die Parallelität der Ereignisse führt zwangsläufig dazu, dass sich ein etwaiger Sinnzusammenhang nur noch schwer erreichen und festhalten lässt. Der Kulturwissenschaftler Douglas Rushkoff konstatiert mit der zunehmenden Gleichzeitigkeit der Geschehnisse unter dem Begriff der „Digiphrenie" deshalb auch das Ende des Narrativen: *„Langsam, aber sicher geben Film und Fernsehen den Kampf auf und akzeptieren die Zeit- und Ziellosigkeit einer immerwährenden Gegenwart."* Und: *„Wie kann man Sinn erfahren, wenn einem die kohärente Erzählung fehlt? [...] Wie* Lost *springt* Heroes *in der Zeit vor und zurück und ersetzt die lineare Story durch ein Rätsel, das die Erzählwelt den Zuschauern aufgibt. [...] Es geht nicht darum, was passiert und wie die Story enden wird, sondern zu verstehen, was eigentlich gerade passiert – und die fiktive Welt zu genießen, in die man als Zuschauer geworfen wurde."* [108]

---

[108] Rushkoff, Douglas: Present Shock. Wenn alles jetzt passiert. Freiburg 2014, S. 40 und 41.

Durch das Zuviel an Informationen und Ablenkung in immer kürzerer Zeit lässt sich keine Verbindung zwischen einzelnen Ereignissen mehr herstellen. Die medial vermittelte Wirklichkeit wird zu einer Scheingegenwart in einer Flut spannungsgeladener Momente. Auf einen Sinnzusammenhang ausgerichtetes Erzählen lässt sich der mit digitaler Technik aufgewachsenen Generation deshalb kaum mehr vermitteln. Es geht im Verständnis Rushkoffs nicht mehr darum, wie eine Geschichte ausgeht und ob am Ende ein Gewinner, ein geläutertes Individuum oder eine bessere Welt steht. Stattdessen gilt es, den Nutzer in zeitgemäßen Medien wie Games fortlaufend mit Wahlmöglichkeiten zu konfrontieren und zur Aktivität zu zwingen. Die Haltung eines Users hilft nach Rushkoff auch grundsätzlich beim Umgang mit der digitalisierten Welt: *„Die Dynamik in Kultur und Wirtschaft aus der Perspektive des Gaming zu betrachten, erleichtert uns den Übergang von einer Welt, in der wir großen Erzählungen überwiegend passiv folgten, hin zu einer Welt der permanenten Partizipation."* [109]

Rushkoff beschreibt den von ihm konstatierten „Present Shock" selbst anhand eines Stroms von Beispielen mit wissenschaftlichen und persönlichen Bezügen. Daraus leitet er nur ungenau definierte Symptome wie Digiphrenie, Fraktalnoia und Apokalypsie[110] ab. Seine radikale Zeitdiagnose weist allerdings zahlreiche Parallelen zu den Überlegungen vieler anderer Denker auf. Von Kulturkritikern bis zu Internet-Apologeten, von Frank

---

109 Ebd., S. 72.
110 Fraktalnoia: Das menschliche Bedürfnis, im Fluss der Ereignisse Muster zu erkennen und diese auf sich selbst zu beziehen, fördert die Entstehung von Verschwörungstheorien: *„Bei Verschwörungstheorien kommt es weniger auf den manifesten Inhalt an, als auf das Bedürfnis, das sie befriedigen: Das Bedürfnis, sich die Welt allein aus der Gegenwart zu erklären."* Und: *„Alles ist nur insofern mit ihm (dem Nutzer) verbunden, als es direkt mit ihm selbst in Verbindung steht: Wo war ich gerade, als ich das gesehen habe? [...] Was sagt dies hier über mich aus?"*
Apokalypsie: Die Sehnsucht danach, dass die übernervöse Gegenwart durch ein apokalyptisches Ereignis implodiert und die Menschheit danach ganz neu anfangen muss. Diese Sehnsucht zeigt sich nach Rushkoff unter anderem in aktuellen Zombiegeschichten wie THE WALKING DEAD. Die Serie zeigt die Befreiung des Menschen aus *„höchst stressigen, überzivilisierten und -technischen Lebensumständen"* und offenbart gleichzeitig dessen *„barbarische und egoistische Innenwelten."*
Rushkoff, Douglas: Present Shock, S. 202, 244 und 252. Kritisiert werden Rushkoffs Überlegungen unter anderem von: Wenzel, Uwe Justus: Gefangen in einer Scheingegenwart. „Present Shock" – Douglas Rushkoffs Zeitdiagnose. In: Neue Züricher Zeitung vom 26.08.2014. https://www.nzz.ch/. Lokshin, Pavel: Im digitalen Mahlstrom. Douglas Rushkoff: „Present Shock". In: Die Zeit vom 15.04.2014 http://www.zeit.de/.

Schirrmacher über Ludwig Hasler bis David Gelernter – seit 2000 werden die Folgen der stets wachsenden, ungefilterten Menge digitaler Informationen und Ereignisströme und damit auch deren Gleichzeitigkeit diskutiert.[111] Dabei scheint unstrittig, dass die Gegenwart immer stärker in den Fokus gerät und der Raum an Bedeutung und Ausdehnung gewinnt: *„Das Internet verbindet jeden von uns gerade jetzt mit vielen verschiedenen Sites – mit vielen verschiedenen Orten in diesem einen Moment."* [112] Filme und Serien können diese Entwicklung aufgreifen und damit eine zeitgemäße Lebenserfahrung transportieren. Dabei würde die spezifische Welt der Geschichte eine Aufwertung erfahren. Parallel dazu wäre ein weniger standardisierter (ein im besten Sinne filmischer) Umgang mit Erzählzeit selbstverständlich.

Filmgeschichten können dieser Entwicklung aber auch ganz bewusst etwas entgegensetzen, um in einer Phase der Unsicherheit und des Umbruchs die Sehnsucht nach überlieferten Formen und Sinn zu bedienen.

Film- und Fernsehkritik Deutschland

Eine fast banal wirkende Widerspiegelung des Räumlichen war im deutschsprachigen Krimi lange auf die Tatort-Reihe, zum Beispiel mit Schimanski als Duisburger Kommissar, beschränkt. Seit dem Beginn des SOKO-Booms Anfang der ooer Jahre ist sie als Spatial Turn erkennbar und wird auf zahlreichen Sendeplätzen reproduziert: Der Erzählraum vieler Ermittlergeschichten ist regional verortet und weist die entsprechenden stereotypen Kennzeichen auf. Von den Rosenheim Cops bis zum Spreewaldkrimi, von Mord mit Aussicht in der Eifel bis zur Mordkommission Istanbul. Aus dem jeweiligen Lokalkolorit beziehen auch einige neue deutsche Serien wie 4 Blocks zahlreiche Handlungselemente (Berlin-Neukölln).

---

111 Vgl. Schirrmacher, Frank: Payback. Warum wir im Informationszeitalter gezwungen sind zu tun, was wir nicht tun wollen, und wie wir die Kontrolle über unser Denken zurückgewinnen. München 2009.
     Hasler, Ludwig: Die Stunde der Laien. Netzdemokratie. In: Die Zeit vom 21.10.2010. http://www.zeit.de/.
112 Gelernter, David: Die Zukunft des Internet. Wie wir mit unserem Leben in Verbindung bleiben. In: Frankfurter Allgemeine Zeitung vom 01.03.2010. http://www.faz.net/.

Desgleichen sind im Kinobereich einige Genres zu Trends geworden, bei denen der Erzählraum per definitionem eingehend entwickelt wird. Dazu gehören Culture-Clash-Komödien wie ALMANYA – WILLKOMMEN IN DEUTSCHLAND und MARIA, IHM SCHMECKT'S NICHT oder die zurzeit boomenden Verfilmungen vor historischem Hintergrund: GELIEBTE SCHWESTERN, CHARITÉ und BABYLON BERLIN spielen in einer jeweils eigenen Welt, die von historischen Elementen wie Verhaltensweisen und Moralvorstellungen inklusive Ausstattung und Kostüm maßgeblich bestimmt ist.

Die Betonung des Erzählraums führt jedoch nicht unbedingt dazu, dass das Narrativ selbst aufgebrochen oder hinterfragt wird. Ganz im Gegenteil: Kinofilme mit einem versöhnlichen Ausklang wie HONIG IM KOPF und WILLKOMMEN BEI DEN HARTMANNS erreichen mit Abstand die größten Zuschauerzahlen. Die Ausrichtung auf einen dramatischen, ungebrochenen Zeitablauf und die damit verbundene Entwicklung von Figuren zum Besseren, scheint nach wie vor eine Stimmungslage beim Publikum zu treffen. Möglicherweise verstärkt die mit den aktuellen Umbrüchen verbundene Unsicherheit bei einem großen Teil des Publikums gerade die Sehnsucht nach zwischenmenschlicher Harmonie.

Doch auch bei diesen Mainstream-Filmen sind Unterschiede in Bezug auf den Umgang mit Raum und Zeit erkennbar: HONIG IM KOPF ist klassisch auf das Abenteuer von zwei zentralen Figuren in der Zeit zentriert. Demgegenüber verliert sich die Hauptfigur Angelika in WILLKOMMEN BEI DEN HARTMANNS fast im Ensemble. Sie ist umgeben von einem breit gefächerten, satirisch erzählten, gutbürgerlichen Erzählraum. Gleichwohl geht die Zeit als roter Faden nicht verloren. Am Ende steht die Versöhnung Angelikas mit der Gesellschaft und die Versöhnung der Gesellschaft mit einer zeitgemäßen Herausforderung: Diallo, geflüchtet aus Nigeria und den Hartmanns zum Freund geworden, erhält eine Aufenthaltsgenehmigung und kann in Deutschland bleiben. Es geht in WILLKOMMEN BEI DEN HARTMANNS also nicht um ein ‚Entweder-oder' zwischen Raum und Zeit, sondern um ein ‚Weniger-oder-mehr'. Angelikas innere Entwicklung auf der

Zeitachse scheint nicht so relevant wie die vielen Beziehungen und Veränderungen in ihrer Umgebung.

Der Raum erfährt in deutschen Produktionen inzwischen oftmals eine Aufwertung. Dies geht aber nur selten so weit, dass er endgültig im Zentrum des Geschehens steht. Vielmehr scheint ein Doppelziel anvisiert: sowohl eine Art Katharsis zu erzeugen, als auch interessante Räume zu beleuchten.

Innovativer wirken einige TATORT-Reihen, die eine Welt erzählen, in der sich Ermittlerfiguren an einer ausufernden Kriminalität und an global agierenden Tätern abarbeiten. Die Darstellung eines wirklich heilen Moments am Ende und die Entwicklung der Figuren in der Zeit ist dabei nicht mehr ganz so leicht zu konstruieren. Die Kommissare kämpfen umso verzweifelter: Traumatische Belastungen, Burnout, Depressionen, Ängste oder Alkoholprobleme sind fester Bestandteil des Erzählraums. Die Figuren besitzen nicht nur kontrastierende Charaktere, sondern leiden darunter, dass sie grundsätzlich beziehungsunfähig sind (TATORT KIEL, DORTMUND, BERLIN). Falls sich eine Freundschaft oder Zuneigung zwischen zwei Ermittlern entwickelt, wird sie keinesfalls gezeigt oder ausgesprochen. Längst entspricht dies dem dramaturgischen Standard internationaler Crime-Serien (Saga Norén in DIE BRÜCKE, Rust Cohle in TRUE DETECTIVE). Auch die entsprechenden deutschen Krimis arbeiten mit kurzen Einblendungen anderer Erzählebenen, die das Trauma beleuchten oder verschiedene Möglichkeiten des Tathergangs aufzeigen. Exemplarisch zu nennen ist der SPREEWALDKRIMI mit zahlreichen Rückblenden. Hier ist eine Hinwendung zu komplexen Erzählräumen erkennbar, die die Unfassbarkeit und Unheilbarkeit der eigenen Lebenswelt spiegeln.

Trotz dieser Entwicklung ist ein offener Umgang mit der Erzählzeit in Deutschland erst in Einzelfällen wie einigen TATORT-Folgen oder herausragenden Experimenten erkennbar. Dazu gehört beispielsweise auch die Filmtrilogie DREILEBEN der Filmemacher Christian Petzold, Dominik Graf und Christoph Hochhäusler. Drei unabhängig entwickelte TV-Movies sind durch dieselben Orte, dieselbe Zeit, dieselben Figuren und Ereignisse verbunden und schaffen so einen filmübergreifenden Erzählraum. Als ergänzendes Beispiel aus dem Kinobereich kann der episodisch aufgebaute Kinofilm VOR DER MORGENRÖTE über das Leben des österreichischen Schriftstellers Stefan Zweig im Exil angeführt werden, der die Imagination des Zuschauers mit großen Ellipsen zwischen einzelnen Geschehnissen anregt.

Mit aller Vorsicht lässt sich also zusammenfassen, dass es seit jeher innovative Experimente im Spiel mit Raum und Zeit gibt, die aber überwiegend dem Arthouse- oder Experimentalbereich zuzurechnen sind. Allerdings ist auch in namhaften deutschen Projekten der Trend erkennbar, die herkömmliche Dramaturgie zu ergänzen und Erzählräume stärker auszugestalten. Es geht dabei zunächst vor allem darum, im Rahmen einer klassischen Erzählweise auch die Welt der Geschichte hervorzuheben und so den größtmöglichen Konsens zwischen unterschiedlichen Zielgruppen zu erreichen. Für einen zufriedenstellenden Erfolg im Sinne von Quote oder Zuschauerzahl kann dies offensichtlich ein geeignetes Konzept sein.

Das führt allerdings nicht dazu, dass TV- oder Kinofilme aufgrund ihrer Erzählform als kultig, innovativ oder zeitgemäß betrachtet werden. Denn dafür gälte es einen eigenen, ganz besonderen Erzählraum mit gesellschaftlicher und menschlicher Relevanz zu finden und zu entwickeln.

Als seltenes Gegenbeispiel kann die Serie DER TATORTREINIGER dienen – in Anlehnung an Kriminalfälle, aber mit Fokus auf die menschliche Tragikomödie: Der Erzählraum enthält in jeder Folge wiederkehrende Elemente (die Titelfigur Heiko Schotte, seinen jeweiligen Auftrag, die Elemente seiner Profession, einen Tatort mit den Überresten eines Toten, Angehörige) und konstituiert sich innerhalb dieses Rahmens doch in jeder Folge neu.

Für eine world-driven orientierte Stoffentwicklung gälte es, die Inspirationskraft des Raums zu stärken, also zunächst in die Breite zu denken und daraus möglichst intensiv und vielseitig zu schöpfen. Für Filmgeschichten kann dies auch bedeuten, die Welt des einen Helden und seiner Entwicklung zu verlassen und mit einer stärker auf das Multiperspektivische ausgerichteten Erzählweise dem Zuschauer verschiedene Betrachtungsweisen anzubieten. Dabei besteht die Möglichkeit, im Sinne der Wirkung mit dem Zeitablauf zu spielen. World-driven zu erzählen kann vor allem dazu beitragen, das Potenzial von Projekten, die auf ein modernes, internetaffines Publikum ausgerichtet sind, konsequenter auszureizen. Denkbar ist dieser Ansatz, weil ein, wenn auch kleiner Teil der Zuschauer, nicht mehr ganz so stark an der Vermittlung von übergreifenden Sinnzusammenhängen interessiert zu sein scheint.

Möglichkeiten der Dramaturgie

Die Widersprüche zwischen world-, character- und plot-driven lösen sich in der Praxis weitgehend auf. Die hier stellenweise aufgezeigten Gegenwelten existieren nur theoretisch. Es gilt jeweils, einen Ausgangs- und Schwerpunkt für die Entwicklung zu finden, der sich unter Umständen zwar erkennbar auf die Erzählweise auswirkt, doch sind die Übergänge fließend: Welt, Figur und Handlung sind untrennbar verbunden.

Allerdings ist über eine Dramaturgie des Raums erst wenig bekannt. Um zu einer zeitgemäßen Diskussion zu finden, könnten zunächst maßgebliche Elemente benannt und das interne Spannungsfeld beleuchtet werden: Wie könnten Schauplätze beschaffen sein, die gegeneinander und gemeinsam ein thematisches Feld bilden? Welche Wege und Grenzen von einem Ort zum anderen braucht es? Wo leben welche Figuren und in welcher Beziehung stehen sie zueinander: grundsätzlich oder an einem bestimmten Punkt der Geschichte?

Bemerkenswerterweise thematisiert Roland Zags Human Factor zunächst den Bereich des Ensembles, der den Erzählraum betrifft, verbindet ihn dann aber mit dem emotionalen Blick des Zuschauers.[113] Auch die Methode der Drehbuchaufstellungen geht von den Beziehungen der Figuren

---

113   Vgl. Zag, Roland: Der Publikumsvertrag.

untereinander aus.[114] Zudem findet sich – wie bereits ausgeführt – bei John Truby ein sehr handlungsorientiertes Tool zur Entwicklung einer Story World. Doch diese Überlegungen könnten grundsätzlich weiterdiskutiert und gegebenenfalls um Elemente wie Rituale oder normative Grenzen ergänzt werden.

Weiterführend könnte auch sein, Storywelten transmedialer Systeme auf ihre Tauglichkeit für Film oder Serie zu prüfen: Wo und wie gilt es, Andockmöglichkeiten zwischen den Teilwelten anzubieten? Wie viele Informationen braucht die Zuschauerin über Reichweiten, Schwellen, Wege und andere Hemmnisse, damit aus den verschiedenen Elementen eine Einheit entsteht? Und wie wenig davon reicht aus, um Imaginationen zu entwickeln?

Noch relativ sparsam sind zudem die Überlegungen von Kerstin Stutterheim und Christine Lang zur impliziten Dramaturgie, zur inneren Bedeutungsebene eines Films. Der Begriff scheint auch im Theaterbereich nur partiell geläufig und eine Definition noch nicht in Sicht. Zwar gibt es in der Literatur- und Theaterwissenschaft sowie aus dem Bereich der Filmanalyse eine Vielzahl von Texten, die konkrete Beispiele in Bezug auf Symboliken und versteckte Aussagen im kulturellen und gesellschaftlichen Kontext interpretieren. Doch bezieht sich dies immer auf das Besondere eines fertiggestellten literarischen oder filmischen Werkes. Mit großem Respekt vor der individuellen und künstlerischen Ausprägung jedes Films und jeder dazugehörigen Geschichte: Hier stößt die Dramaturgie mit ihren verallgemeinernden Betrachtungen an Grenzen. Doch könnte es zumindest hilfreich sein, auf einige grundsätzliche Überlegungen zur impliziten Dramaturgie wie die Möglichkeit des Variierens von Metaphern im Laufe der Geschichte

---

114 Ähnlich der in der Psychotherapie umstrittenen Methode der Familienaufstellung werden bei einer Drehbuchaufstellung Figuren eines Ensembles durch sogenannte „Stellvertreter", also reale Personen räumlich angeordnet und zu ihrem Empfinden befragt. Die Stellvertreter bewegen sich mit dem Verlauf der Geschichte. Es ist das Ziel dieser für Autoren oft emotional bewegenden Methode, einen Stoff, insbesondere aber dessen Figuren, ihre Beziehungen und Entwicklungen zu überprüfen.

zu verweisen oder gängige Symbole bestimmter Narrative und Genre-Muster zu beschreiben.

Zahlreiche Spielarten im Umgang mit Zeit im Gesamtablauf von Filmgeschichten wie Varianten von Flashback-Erzählungen wurden im Jahr 2000 von der australischen Dramaturgin Linda Aronson beschrieben.[115] In Bezug auf die aktuelle Tendenz zu elliptischerem und überraschendem Erzählen in neuen Serien bietet es sich darüber hinaus vor allem an, die Informationsvergabe dramaturgisch genauer zu beleuchten. Wie werden Ambivalenzen von Figuren schrittweise enthüllt? Wie wird die Spannung mit einem Geheimnis geweckt, aber vor allem auch gehalten?

Nur Andeutungen gibt es bislang für den Umgang mit Tempo und Rhythmus einer Filmgeschichte. Dabei hängen bereits auf Drehbuchebene die Länge, der Aufbau und die Dynamik einzelner Szenen maßgeblich davon ab.

---

115 Aronson, Linda: Screenwriting Updated. New (and Conventional) Ways of Writing for the Screen. St. Leonards 2000.

MIT ERZÄHLMUSTERN ZU EINEM NEUEN BLICK AUF GENRE UND STIL

Die Handbücher der 90er Jahre gehen wenig auf spezifische Erzählmuster ein. In der Dramaturgie der „Old School" geht es um die Suche nach den Gemeinsamkeiten in Geschichten. Die Betrachtung verschiedener Genres erfordert aber einen auf Unterschiede ausgerichteten Blick. Inzwischen ist es in der Lehre üblich geworden, sich mit einzelnen Genremustern auseinanderzusetzen. Dabei rücken die Besonderheiten einzelner Genres und mitunter auch die Möglichkeiten, diese zu vermischen, in den Vordergrund. Die Vertreter der „New School" wie John Truby und Robert McKee spitzen ihre Überlegungen seit den 2010er Jahren genregerecht zu. Truby erweitert seine Story Steps als sogenannte „Master Techniques" in 14 unterschiedliche Handlungsvarianten – von Action über Memoir/True-Story bis TV-Drama. Auch Robert McKee tourt mit „Genre Days" zu Crime, Thriller, Comedy, Love Story und Action durch die USA und Europa.[116] Darüber hinaus versuchen dramaturgische und filmwissenschaftliche Einzelwerke jeweils ein Genre und seine Spielarten zu erfassen.[117] Umstritten ist dabei, nach welchen Kategorien sich Genres überhaupt bestimmen und voneinander abgrenzen lassen. Insofern wird in diesem Kapitel, auch anhand einiger filmwissenschaftlicher Hinweise, zunächst der Genrebegriff selbst vorgestellt.

Ausgangspunkt für eine weiterführende Betrachtung der aktuellen Genresituation ist dann aber nicht die Theorie: Dramaturgische Überlegungen für jeweils einzelne Genres wie Krimi oder Komödie miteinander zu vergleichen würde nicht zu grundsätzlich neuen Perspektiven führen. Das Genre-Kapitel ist anders aufgebaut als seine beiden Vorläufer, es geht von spezifischen Entwicklungen aus der Praxis aus.

---

116 McKee, Robert: http://mckeestory.com/.
117 Hier einige deutschsprachige Beispiele:
Völcker, Beate: Kinderfilm. Stoff- und Projektentwicklung. Konstanz 2005.
Kaufmann, Anette: Der Liebesfilm. Spielregeln eines Filmgenres. Konstanz 2007.
Maak, Michael: Comedy. 1000 Wege zum guten Gag. Berlin 2007.
Ott, Dorothee: Shall we Dance and Sing? Zeitgenössische Musical- und Tanzfilme. Konstanz 2008.
Mohring, Jürgen: Hollywood erzählt Mythen I. Das Geheimnis erfolgreicher Liebesgeschichten. Hamburg 2017.

Dazu gehört zunächst das Bestreben einiger Filmemacher, den sogenannten deutschen *Genrefilm*[118] – im Sinne von eng tradierten Genres wie
Thriller, Science Fiction, Horror, Fantasy und ähnlichem – zu fördern. Im Kinobereich ist noch kein nachhaltiger Durchbruch mit marktrelevanten Zuschauerzahlen erkennbar. Gleichwohl haben sich derweil in der deutschen
TV-Serien-Welt einige neue *Genretrends* deutlich manifestiert. Erkennbar
auf dem Markt ist vor allem die Zunahme von Mystery. Dieses Genre wird
im Verlauf etwas genauer beleuchtet. Gleichzeitig erörtert der Text aber
auch eine ganz andere, noch wesentlich stärkere Strömung: Geschichten
mit Vergangenheitsbezug – vom Biopic über historische Persönlichkeiten
bis hin zur DDR-Serie – machen inzwischen einen großen Teil aller Film- und
Fernsehproduktionen aus.

Beide Strömungen werden hier exemplarisch für die Verwendung von
traditionellen Mustern in zeitgemäßem Kontext angeführt. Bemerkenswert sind darüber hinaus zwar noch weitere Trends, insbesondere im Serienbereich: Zurzeit werden zahlreiche neue Sitcoms von den Sendern in
Auftrag gegeben. Auf internationaler Ebene interessant ist auch die Rück-
besinnung auf Fantasy-Elemente und -Erzählungen. Doch das Einbeziehen
all dieser Entwicklungen würde den Rahmen des Textes sprengen.

Stattdessen gilt es, im zweiten Teil des Kapitels eine weitere Perspektive aufzuzeigen und mit dem Begriff des Stils einen maßgeblichen Aspekt
zu beleuchten, der mit dem des Genres eng verbunden ist. Der Stil hat als
dramaturgische Kategorie erst wenig Beachtung gefunden, vermutlich weil
er überwiegend als Element gilt, das durch Gewerke der Produktion und
Postproduktion geprägt wird – von der Kamera bis zur Musik. Doch für die
Art und Weise, in der eine Geschichte erzählt wird, sind auch stilistische
Aspekte maßgeblich.

---

118 Der Begriff *Genre* im Sinn von eng tradierten, zumeist düsteren Genres wie Thriller, Science Fiction,
Horror, Mystery oder Action wird im Folgenden *kursiv* geschrieben. Demgegenüber wird der Begriff
Genre als unspezifische Kategorie für alle Arten von Filmgruppen nicht kursiv geschrieben

In „Panorama" geht es abschließend um die Frage, ob eine Hinwendung zum *Genrefilm* als zeitgemäße Gegenbewegung zum überwiegend realistischen Erzählen in Deutschland verstanden werden kann. Das Kapitel zeigt außerdem, inwiefern vor allem eine bewusste Kombination beider Elemente – Genre und Stil – zu neuen Perspektiven in der Dramaturgie beitragen kann.

GENRE

Die Frage, was ein Genre überhaupt ist, führt seit jeher zu einer Vielzahl unterschiedlicher Antworten. Die Einteilungen in Dramaturgiehandbüchern variieren von wenigen Grundgenres (Tragödie, Komödie, Drama, die von Phil Parker allerdings als Ton angesehen werden[119]) bis hin zu mehr als 150 Subgenres bei Martin Thau[120]. Robert McKee bezieht in seine Genre-Einteilung gängige Plot-Strukturen wie den Erlösungs- oder Reifungsplot oder die Gattung des „Kunstfilms" mit ein.[121] Gleichwohl beziehen sich Genrebegriffe auf ein Setting (Western), auf eine emotionale Wirkungsabsicht (Komödie), auf ein Gestaltungselement (Musical), auf eine inhaltliche Erwartung (Krimi) oder eine Zielgruppe (Kinderfilm).[122] Sie können sich im Laufe der Zeit in ihrer Bedeutung verändern (Heimatfilm), verschmelzen (Dramedy) oder sie bilden sich neu (Mumblecore). Der Film Noir wird teilweise als Genre, teilweise als Stilrichtung gesehen. Viele Filme sind nicht eindeutig einem Genre zuzuordnen (Karl-May-Verfilmungen könnten als eigenes Genre betrachtet werden). Festzustehen scheint immerhin, dass Genrebegriffe eine bestimmte Gruppe von Filmen anhand einer oder mehrerer Merkmale beschreiben und dass sie sich im Sprachgebrauch manifestieren, abhängig von sozialen und kulturellen Konventionen. Die Dramaturgin Dagmar Benke führt aus: „,Das will ich unbedingt sehen!', ,Da geh ich mit X rein!', ,Das ist nichts für mich!' Diese unbewusste Typisierung von Filmen durch den Zuschauer ist die eigentliche Basis des Genre-Begriffes."[123] Im Rahmen einer solchen „anti-essentialistischen Genre-Theorie" sind einzelne Genrebegriffe nicht vorgegeben, sondern dynamisch. Sie weisen keine eindeutigen

---

119 Vgl. Parker, Phil: Die kreative Matrix. Kunst und Handwerk des Drehbuchschreibens. Konstanz 2005, S. 272ff.
120 Vgl. Thau, Martin: Der große Genre-Führer. Amazon Kindle Edition https://www.amazon.de/.
121 Vgl. McKee, Robert: Story, S. 93ff.
122 Vgl. Benke, Dagmar und Routh, Christian: Script Development. Im Team zum guten Drehbuch. Konstanz 2006, S. 201f. Benke leitet die „Ambivalenz und Widersprüchlichkeit" des Genrebegriffs wie hier beschrieben her und führt dann „mindestens drei grundsätzlich verschiedene Genre-Definitionen" an: Setting, zentrale Emotion und Gestaltungselement.
123 Benke, Dagmar und Routh, Christian: Script Development, S. 202.

Grenzen auf, sind historisch unterschiedlich geprägt und unterschiedlich stabil; sie werden in Diskursen ausgehandelt.[124] Ihre Unschärfe ist nach Knut Hickethier eine Voraussetzung dafür, dass Genre-Kommunikation überhaupt gelingt. Eine exakte Kategorisierung würde nach Peter Scheinpflug *„hochgradig willkürlich ausfallen und dadurch [wäre] die Wahrscheinlichkeit des Missverständnisses wieder erhöht."*[125]

Entstanden sind Filmgenres in Anlehnung an bestimmte Ausprägungen der Trivialliteratur im 19. Jahrhundert. Das US-amerikanische Studiosystem hat sich in den 20er und 30er Jahren darauf ausgerichtet, bestimmte Filmmuster zu entwickeln, auch zum Zweck der *„industriellen Standardisierung. [...] In erster Linie dienten Genres einer Vorverständigung zwischen Produzent und Publikum, sie verbanden die Strategien der Hersteller mit den Erwartungen der Zuschauer. Eine Komödie oder ein Melodram zu drehen, setzte andere Erzählungen, andere Bilder, andere Dramaturgien voraus; und die Kinogänger entschieden sich für das eine oder das andere, je nachdem, ob sie lachen oder weinen wollten."*[126] Aus dieser Tradition heraus gibt es eine Tendenz, das Genre als Teil der Populärkultur vom Kunstfilm abzugrenzen. Doch haben sich Genrebegriffe seit ihrer ersten Prägung weiterentwickelt. In einem kontextuellen Sinn – so wie oben beschrieben – lässt sich der Kunstfilm längst selbst als eigenes Genre betrachten.

Genrebegriffe spielen nach wie vor eine zentrale Rolle bei der Kommunikation über Filmgeschichten – von der ersten Idee, die ein Kreativer vorstellt, über die Vermarktung eines Films bis hin zur Perspektive, mit der das Publikum einen Film bewertet: *„Von einem konventionellen Actionfilm erwarten die meisten Rezipienten nicht dieselbe komplexe Darstellung der Psyche und der Motivation einer Figur wie hingegen in einem Drama."*[127]

Insgesamt gilt es also, den Begriff des Genres als flexiblen Bedeutungsrahmen in der Praxis zu gebrauchen. Es gilt, sich beim Sprechen darauf zu

124 Vgl. Scheinpflug, Peter: Genre-Theorie. Eine Einführung. Münster 2014, S. 13ff.
125 Ebd., S. 24.
126 Grob, Norbert; Prinzler, Hans Helmut und Rentschler, Eric (Hg.): Stilepochen des Films. Neuer Deutscher Film. Stuttgart 2012, S. 37.
127 Scheinpflug, Peter: Genre-Theorie, S. 28.

verlassen, dass sich einzelne Genrebezeichnungen aus dem Vorwissen von Sender und Empfänger erschließen.[128] *„Kein Film existiert in einem kulturellen Vakuum. Jeder Zuschauer setzt jeden Film, den er sich ansieht, bewusst oder unbewusst zu thematisch oder stilistisch ähnlich gelagerten Filmen."* [129] Doch es geht nicht nur um die Perspektive des Zuschauers. Allein die Kenntnis bestehender Filme, ihre Kategorisierung und ihre Rezeption erfordert auch von Stoffentwicklern und Filmemachern bei jedem Projekt eine Haltung zu verwandten Genres und deren Tradition.[130] Gleichzeitig ist jedes Projekt selbst eine Interpretation, mit der sich das vorhandene Verständnis für die darin anklingenden Genres weiterentwickelt.

Im Sinne eines solchen Genrebegriffs wäre es kleinteilig und nur bedingt zukunftsweisend, vorhandene dramaturgische Überlegungen zu tradierten Erzählmustern wie Melodram oder Thriller zu vergleichen. Es scheint sinnvoller, einige aktuelle Entwicklungen auf dem Film- und Fernsehmarkt aufzuzeigen, um zeitgemäßes dramaturgisches Denken anzuregen. Inspirierend ist dabei, dass zurzeit andere Inhalte und Erzählweisen im Rahmen der Pay-TV-Vermarktung über Netflix, Amazon & Co. Verbreitung finden. Herausgehoben werden im Folgenden deshalb zwei einzelne Richtungen – der Trend zum *Genrefilm* und zur *Genreserie*, insbesondere zu Mystery, und das historische Drama. Es zeigt sich im Anschluss, dass gerade diese beiden exemplarisch für den gegenläufigen Umgang mit einer Wirklichkeit verstanden werden können, die immer mehr aus medial vermittelten Narrativen besteht.

---

128 Auch dieser Text geht davon aus, dass Genrebegriffe im Rahmen sprachlicher Konventionen funktionieren. Wenn nötig, werden sie in einen bestimmten Kontext gestellt, meist anhand zahlreicher Filmbeispiele. Wenn es unabdingbar ist, um Missverständnisse zu vermeiden, werden sie in Fußnoten genauer definiert.

129 Benke, Dagmar und Routh, Christian: Script Development, S. 204.

130 Beispielsweise könnte eine Autorin bei der Entwicklung einer Liebesgeschichte versuchen, sich möglichst präzise tradierter Muster zu bedienen – vielleicht aus dem Bereich der Romantic Comedy. Sie könnte die Romantic Comedy mit Elementen eines Sozial-Dramas vermischen. Sie könnte das Genre durch einen Ausbruch aus der bürgerlichen Moral aufbrechen. Sie könnte sich aber auch darum bemühen, jedwede Anlehnung der Liebesgeschichte an die Romantic Comedy soweit wie möglich zu vermeiden.

GENREFILM UND GENRESERIE

In den letzten fünf Jahren ist rund um die Bewegung „Neuer Deutscher Genrefilm" und das Festival „Genrenale" ein wachsendes Bemühen zur Einführung beziehungsweise Wiederbelebung von Filmgenres entstanden, *„die besonders einprägsam, erfolgreich und in gewisser Weise in sich wesensverwandt sind: Science Fiction, Fantasy, Horror, Action, Thriller, Dark Drama, Mystery".*[131] Ziel der Bewegung ist es, über die zurzeit gängigsten Kinogenres sowie den das TV dominierenden Krimi hinaus eine größere Vielfalt in Deutschland zu etablieren.[132] Es geht darum, Genremuster in ihrer Historie, genau wie in ihrer Wirkung zu durchdringen, zu kombinieren und dadurch mit neuem Leben zu füllen. Von Filmemachern werden zunehmend Psychothriller wie DETOUR oder DIE VIERHÄNDIGE auf Festivals präsentiert. Eigenständige Werke, die Elemente des Fantastischen oder des Spannungskinos neu kombinieren wie DER BUNKER, DER NACHTMAHR oder AUF EINMAL waren in den letzten Jahren für den Deutschen Filmpreis nominiert. Christoph Gröner schreibt in Blickpunkt:Film: *„Die Kinozahlen des letzten Jahrzehnts und darüber hinaus zum deutschen Genre liefern keine positiven Vorzeichen. Aber das stoppt die Filmemacher nicht mehr, und das Vertrauen in ein deutsches fantastisches Kino wird wachsen."*[133]

Das Interesse am deutschen *Genrefilm* im Kino hat allerdings erst begonnen und nur vereinzelt zu größerer Publikumsresonanz geführt. Nach wie vor wird der *Genrefilm* vor allem von der Kritik und einer kleinen Zielgruppe wahrgenommen. Die beiden einzigen deutschen Thriller im Kino in den letzten zehn Jahren mit einer respektablen Besucherzahl waren THE INTERNATIONAL mit rund 700.000 und WHO AM I – KEIN SYSTEM IST SICHER mit rund 800.000 Zuschauern. Es scheint, als würde sich der Trend zum

---

131 Vu, Huan: http://genrefilm.net/genrefilm/.
132 So formulieren beispielsweise die Veranstalter der Genrenale, Krystof Zlatnik und Paul Andexel, ihre Vision: *„Sei es Action, Science-Fiction, Fantasy, Horror, Thriller, Film Noir oder Mystery […]. Wir geben dem verschmähten deutschen Genrefilm einen Platz, den er sonst weder im Fernsehen noch auf den anderen Festivals hat. Wir wollen verlorene Vielfalt aufzeigen und ein Bewusstsein für Genre in und aus Deutschland schaffen."* Andexel, Paul und Zlatnik, Krystof: http://genrenale.de/.
133 Gröner, Christoph: Ein unheimlich guter Jahrgang. In: Blickpunkt:Film #26/27 vom 26.06.2017.

Genre weiterhin vor allem im Fernsehen manifestieren. Der Filmemacher Dominik Graf konstatiert: *„In unserer Political-Correctness-Gesellschaft schämt man sich für schrille, böse oder brutale Genrefilme [...] Deshalb seien nicht mehr viele Genres übrig geblieben – und in den 1990er Jahren außerdem vom Kino ins Fernsehen gewandert."* [134]

Dabei ist im Fernsehen durchaus eine Hinwendung zur Neuinterpretation erkennbar. Das beherrschende Genre, der Krimi, ist inzwischen oft mit Thriller-Elementen angereichert. Vor allem aber gehen einige Quality-Serien, auch aus europäischer und deutscher Produktion, inzwischen weitaus freier mit dem Hauptgenre [135] um. Sie nutzen kriminelle Motive, beispielsweise um:

- einen Mann ohne Erinnerung mit dem Mord an einer Weinkönigin zu verknüpfen (die deutsche Mystery-Serie WEINBERG),
- die Rückkehr von auf unnatürliche Weise Verstorbenen zu erzählen (die französische Serie THE RETURNED),
- arabische Familienclans in Berlin-Neukölln in den Mittelpunkt zu stellen (die deutsche Gangster-Serie 4 BLOCKS),
- eine Tote nach ihrem eigenen Mörder suchen zu lassen (die belgische Mystery-Serie ZIMMER 108),
- in die Abgründe einer Kleinstadt einzutauchen (die deutsche Mystery-Serie DARK).

---

134 Burghard-Arp, Nora: „Drehbücher werden durchgescripted und kaputtgemacht": Dominik Graf über den deutschen Film. In: Meedia, anlässlich einer Veranstaltung des Verbandes für Film- und Fernsehdramaturgie (VeDRA) und des Verbandes Deutscher Drehbuchautoren (VDD) am 28.09.15 auf der Cologne Conference. http://meedia.de/.

135 Theoretische Überlegungen dazu lassen sich auch ableiten aus dem Buch „Nordic Noir", in dem Lothar Mikos und Lea Gamula auf die Machart skandinavischer Fernsehserien eingehen. Gamula, Lea und Mikos, Lothar: Nordic Noir. Skandinavische Fernsehserien und ihr internationaler Erfolg. München und Konstanz 2014.

Auffällig daran ist: In der Tradition von TWIN PEAKS, AKTE X[136] und LOST[137] scheint sich zurzeit auch in Europa ein Mystery-Trend zu manifestieren, inklusive zahlreicher Geschichten rund um Untote und Geisterwelten. Im deutschen Sprachgebrauch bezieht sich der Begriff Mystery in einem weiteren Sinn auf Geschichten, in denen eine Figur ein düsteres Geheimnis, zumeist rund um Geheimbünde oder Verschwörungen lösen muss.[138] In einem engeren, hier gebrauchten Verständnis basiert das Geheimnis auf übernatürlichen Phänomenen in einer in großen Teilen realistisch anmutenden Welt.[139] Mystery kann Elemente anderer Genres wie Krimi, Thriller, Horror, Science Fiction oder Fantasy enthalten und kann über dramaturgische Techniken wie Suspense und Surprise hinaus ein zusätzliches Rätsel, ein größeres Mysterium transportieren. Die Medienwissenschaftlerin Jana Gläßer hat sich in ihrer Masterarbeit an der TU Chemnitz eingehend mit dem Genre befasst: *„‚Mystery' ist eine dieser Erzählstrukturen, die auf einem Informationsmangel seitens der Rezipienten bzgl. vergangenem, aber noch nicht vollständigem Geschehen aufbaut. Durch das gezielte Vorenthalten von Informationen entstehen Leerstellen oder Geheimnisse, die abgebaut*

---

136 *„Von diesem, seit den 90er Jahren anhaltenden, Boom oder Trend [Mystery in Deutschland] wird in zahlreichen Presseartikeln aus dieser Zeit gesprochen. Die meisten beziehen sich dabei auf die deutsche Erstausstrahlung der Fernsehserie AKTE X als ‚Mutter' der damaligen Mystery-Welle, die aus den USA nach Deutschland übergeschwappt ist. Doch Ruo und Weis wenden ein, dass ‚Mystery' nicht erst eine Erfindung der neuen Fernsehgeneration ist, sondern bereits seit den späten 50ern mit der ‚ersten richtigen' Mystery-Serie THE TWILIGHT ZONE (USA:1959, D:1961) im Unterhaltungsmarkt Einzug hielt."* Gläßer, Jana: Was ist „Mystery"? Von der englischen Detective Story zum deutschen Mystery-Trend des Übernatürlichen und Rätselhaften. Technische Universität Chemnitz 2009, S. 16. In: http://www.qucosa.de/.

137 Dennis Eick schreibt über die Wirkung von Geheimnissen in LOST: *„LOST beispielsweise war in der Grundidee eine robinsonesque Geschichte rund um die Überlebenden eines Flugzeugabsturzes. Das wesentliche Neue daran waren zwei Dinge: Es wurde nicht als klassisches Adventure erzählt, sondern als Mystery. Und das andere war die nonlineare Erzählweise [...]. Das Format bietet so viele offene Fragen, dass die Fans einfach anfangen mussten, sich auszutauschen."* Eick, Dennis: Digitales Erzählen, S. 207.

138 Vgl.: Waldkirch, Nina: Der Trend zum Mystery-Genre in neuen Romanen und Filmadaptionen. Dan Brown, Arturo Pérez-Reverte und Wolfgang Hohlbein. Marburg 2007, S. 21ff.

139 Demgegenüber beinhaltet die angloamerikanische Mystery Story die Auflösung eines Rätsels, in der Regel eines Verbrechens – unabhängig davon, ob es dafür eine rationale oder übernatürliche Erklärung gibt. Anzumerken ist noch: Im deutschen Verständnis handelt es sich bei WEINBERG nicht wirklich um eine Mystery-Serie, sondern um eine Serie, die bis zur Auflösung des Rätsels den Anschein von Mystery erweckt. In der letzten Folge zeigt sich, dass dem Geheimnis nichts Übersinnliches, sondern eine psychische Störung des Protagonisten zugrunde liegt.

und gelöst werden wollen."[140] Das Interesse der Zuschauerin dreht sich neben dem Whodunit in ZIMMER 108 um das unheimliche Wiederauftauchen von Kato Hoeven: Wie kann es sein, dass die Ermordete lebt? Kann sie sich bei ihren um sie trauernden Eltern bemerkbar machen (nein, das kann sie nicht). Gibt es eine Welt der Untoten? Was bedeutet das für die lebenden Menschen?

Mit gängigen Erfahrungsmustern ist das Übersinnliche nicht zu erfassen. Das Genre spielt mit dieser Verunsicherung. Mystery bedient eine Lust am Unerklärlichen, eine Freude an der Erschütterung menschlicher Gewissheiten. Das Genre kann als eine Vorstufe des Dark Drama verstanden werden, das nach Mark Wachholz davon erzählt, dass die Psyche ein dunkles Eigenleben bis hin zur völligen Zerrüttung führt (FIGHT CLUB, MULHOLLAND DRIVE, BLACK SWAN). *„Wir als Rezipienten können nicht mehr zwangsläufig dem trauen, was uns die Erzählung präsentiert. Wir müssen daran zweifeln, dass das, was wir wahrnehmen, überhaupt der Wahrheit entspricht und vielmehr davon ausgehen, eine höchst subjektive, mit einiger Wahrscheinlichkeit auch gestörte Wahrnehmung des personalen Erzählers zu erfahren.*"[141] Allerdings wird das Beängstigende bei Mystery aus der Psyche heraus in übersinnliche Erscheinungen verlegt. Wahnsinn, Abspaltungen oder psychische Grenzerfahrungen werden als mystisch behauptet. Dadurch wird die Identität der Figur zwar infrage gestellt, doch löst sie sich nicht unbedingt auf. Zunächst muss sie lernen, ihre Angst zu kontrollieren und mit Erlebnissen umzugehen, die sie mit menschlichen Fähigkeiten nicht durchschauen kann. Der Fokus richtet sich vor allem auf ihr Realitätsverständnis: Wie finde ich Halt, wenn etwas Unerklärliches ebenso Wahrheit für sich beansprucht? Wem kann ich trauen, wenn Kriterien aus der Realität nicht mehr unbedingt gelten? Wie kann ich überhaupt erkennen, welche Figur ein Untoter ist? Die zumeist einsamen Seelen aus dem unbekannten

---

140 Gläßer, Jana: Was ist „Mystery"?, S. 28.
141 Wachholz, Mark: Höllentrips aus der Postmoderne. Eine Bestimmung des Genres Dark Drama, S. 13. http://genrefilm.net/.

Zwischenreich regen die Imagination des Zuschauers an. Er versucht, sich in das Übersinnliche einzufinden.

In ihrem Aufbau sind Mystery-Serien oft an den Krimi angelehnt: Am Anfang steht ein Mord, den es aufzuklären gilt. Doch der eher rationale Krimi wird mit Mystery-Elementen um eine starke emotionale Komponente bereichert, die den gewohnten Orientierungsrahmen hinterfragt oder erschüttert. Das Genre spielt mit der Sehnsucht nach einer verborgenen Welt oder Wahrheit, die nur wenige kennen. Es spricht Zuschauerinnen an, die sich eine stärkere Beteiligung der eigenen Fantasie wünschen. Mystery-Serien im Pay-TV, aber auch der *Genrefilm* insgesamt, wenden sich inzwischen deshalb eher an ein Arthouse-Publikum, das die eigene Wahrnehmung hinterfragt und gleichzeitig die Zitate und Verweise der einfließenden Genres einordnen kann: *„Everyone has noticed that genre pictures are getting artier, or art films are getting more genre-fied. Crossover efforts can yield strong results, as shown by movies as different as 'Let the right one In' and 'Drive'.“* [142]

HISTORISCHES DRAMA

Gleichzeitig hat sich ein starker Gegentrend gebildet: Die deutsche, aber auch die internationale Film- und Fernsehbranche bedient sich mit Geschichten über die Vergangenheit so häufig wie noch nie der Realität. Biografien und historische Inhalte fluten Bildschirm und Leinwand: mit einer Miniserie über das NSU-Trio (MITTEN IN DEUTSCHLAND: NSU), Filmen wie DER FALL BARSCHEL, mit Biopics wie KATHARINA LUTHER, PAULA (Paula Modersohn-Becker), LOU ANDREAS-SALOMÉ, MARIE CURIE genauso wie mit internationalen Filmen wie DUNKIRK oder Netflix-Serien über Elizabeth II (THE CROWN) und Pablo Escobar (NARCOS). Auch diese Filme und Serien lassen sich als eigenes Genre mit zahlreichen Varianten verstehen.

---

142 Bordwell, David: Bon Cinéma! (miaou optional) vom 17.08.2012. In: Thompson, Kristin und Bordwell, David: Observation on film art. http://www.davidbordwell.net/blog/2012/08/09/bon-cinema-miaou-optional/.

Doch unabhängig davon, ob fiktive Geschichten vor einem historischen Hintergrund erzählt werden (DEUTSCHLAND 83) oder wahre Geschichten aufgrund von Belegen recherchiert und dramatisiert sind: Die Trennung zwischen Realität und Dramatik, aber auch zwischen Realität und Fiktion löst sich dabei auf: Dramatisches wird mit Archivmaterial aus der jeweiligen Zeit angereichert, was die Authentizität des Inhalts zusätzlich unterstreicht. Historische Fakten werden im Gegenzug mit ausführlichen Dramasträngen emotionalisiert. Dabei ist für den Zuschauer nicht mehr direkt nachvollziehbar, inwiefern ein historisches Drama an authentische Quellen angelehnt ist, worin der fiktive Anteil besteht oder inwiefern eine Art innere Wahrheit wiedergegeben wird. Die ARD-Miniserie CHARITÉ erzählt vom ältesten Berliner Krankenhaus im Jahr 1888 und über die Forscher Rudolf Virchow, Robert Koch, Emil Behring und Paul Ehrlich. Ihre Lebensgeschichten sind untrennbar verwoben mit dem fiktiven Erleben von Krankenschwester Ida Lenze, die sich im Laufe der Geschichte zur heimlichen Assistentin von Behring entwickelt. Die Zuschauerin taucht mit Ida Lenze in einen Ausschnitt der Vergangenheit ein. Dieser bildet eine für sie in ihrer Echtheit und Fiktionalität undurchschaubare Erlebniswelt. Ohne zusätzliche Recherche ist unklar, welche Elemente tatsächlich belegbar sind.[143]

Ein zentraler Wirkungsmechanismus scheint zu sein, dass sich Geschichten mit Vergangenheitsbezug besonders echt anfühlen und somit die Bindung des Zuschauers, sein Eintauchen in die Welt der Geschichte, die Immersion verstärken. Doch gibt es möglicherweise noch einen tieferen Grund, warum das Publikum den Trend befördert und sich in großer Zahl auf Historienverfilmungen einlässt. Die Vorstellung des Zuschauers von der Vergangenheit ist durch Bücher und Medien geprägt. Durch immer neue Erzählungen schreiben sich bekannte Narrative fort. Im einfachsten

---

143 Auffällig in diesem Kontext ist, dass Geschichtserzählungen im TV inzwischen regelmäßig von Dokumentationen und in Print- und Onlinemedien von Faktenchecks und den Einschätzungen verschiedener Historiker begleitet werden. Vermutlich geht es darum, die zunächst vor dem großen Publikum ausgebreiteten Unklarheiten für weitergehend Interessierte wieder abzumildern

Fall erfährt der Zuschauer etwas über die Gegenwart: *„Die TV-Serie ‚Charité'* *ist vielleicht auch deshalb so beliebt, weil sie unter den vielen Erzählsträngen* *zeigt, welch ein langer und schwieriger Weg es für Frauen war, bis sie sich* *diese Möglichkeiten gegen die Vorurteile der Zeit erkämpft hatten."*[144] Das Aufbereiten von Geschichte hilft somit bei der Selbstvergewisserung und schafft Identität.

Darüber hinaus geht es mit Blick auf die Dramaturgie zumindest in Teilbereichen darum, weitere Formatgrenzen zu überschreiten und neue Mischformen zu entwickeln. Die Vermittlung vergangener Ereignisse findet deshalb auch in innovativen Kombinationen statt, die den wahren Geschehnissen einen möglichst ausdrucksstarken Erzählraum eröffnen. So sind die für nachfolgende Produktionen wegweisenden Formate 14 – DIE TAGEBÜCHER DES ERSTEN WELTKRIEGS und 18 – CLASH OF FUTURES / KRIEG DER TRÄUME wie fiktionale Quality-Serien aufgebaut. Es wird multiperspektivisch erzählt: In jeweils 8 Folgen werden mit 14 Protagonisten aus ganz Europa die Schrecken des Ersten Weltkrieges und die Zeit danach personalisiert. Die Serie kann durch diesen Aufbau einen ungewöhnlich breiten Erzählraum öffnen. Die Vergleichbarkeit menschlichen Leidens und die ungeheure Vernichtungskraft des Krieges werden nicht nur behauptet, sondern über nationale Grenzen hinweg emotional erfahrbar gemacht.

ZUSAMMENFÜHRUNG

Das historische Drama soll besonders echt erscheinen. Es bietet dem Zuschauer Halt und Orientierung, denn es wirkt „wahr". Es hilft bei der Identitätssuche, denn es erzählt auf bewegende Art, „woher wir kommen und welche Schlachten wir geschlagen haben, um das zu werden, was wir sind". Historische Dramen bedienen eine Sehnsucht danach, die Welt und den aktuellen Stand der Dinge durch ein dramatisch aufbereitetes Eintauchen in die Vergangenheit zu verstehen.

---

144 Koch, Marianne: ARD-Hit „Charité". Dr. Marianne Koch erklärt das Erfolgsrezept der Serie. In Bild-Online vom 03.04.2017. http://www.bild.de/.

Demgegenüber steht beim sogenannten *Genrefilm* und der *Genreserie* die gegenteilige Wirkungsabsicht im Vordergrund: In undurchschaubaren Welten, die weniger an die Wirklichkeit als an bereits bestehende Fiktionen angelehnt sind, kämpfen Figuren um Identität und Orientierung. Die Zuwendung zum *Genrefilm* ist auch ein Bekenntnis zum Narrativ, zum Spiel mit Mustern und Codes, die eine bestimmte äußere Form und Wirkung haben. *Genrefilme* erzeugen zunächst beeindruckende und besondere Erlebniswelten, die auch auf Schaulust, Effekte und den Reiz der Oberfläche setzen.

Beide Entwicklungen – *Genre* und Historie – stehen in direktem Bezug zu zeitgemäßen Fragen. Beide können im besten Fall die großen Ungewissheiten der Zeit transportieren – „Wer bin ich?" und „Wo ordne ich mich ein?" – Identitätssuche und Zugehörigkeit.

Der *Genretrend* bedient sich dabei offensiv bei bestehenden Mustern und spielt damit. So erweist sich die Hoffnung auf eine stabile Gesellschaft in der Zombie-Dystopie THE WALKING DEAD immer wieder als Illusion. Das eigentliche Thema der Serie – „Wie können Menschen zusammenleben?" – ist hinter der Zombiefassade versteckt. Demgegenüber versucht das historische Drama stets ein Abbild der Wirklichkeit in den Vordergrund zu rücken und ein sofort wiedererkennbares, identitätsstiftendes Moment zu konstituieren.

Doch ist die hier aufgemachte Polarität beider Genres letztlich nur eine scheinbare. Denn wie BABYLON BERLIN zeigt, muss das Historische kein Drama, sondern kann auch ein Krimi oder Thriller sein. Genauso kann umgekehrt der *Genrefilm* oder die *Genreserie* historische Bezüge enthalten. Nicht nur die neuen Serien zeigen, dass die wesentliche Strömung zurzeit vor allem darin besteht, Hybride zu erzählen.[145] So ist der Film RAMMBOCK, in dem der Protagonist Michi nach Berlin kommt, um seine Ex-Freundin

---

145 Diese „Innovation" ist nicht neu. Sie verweist beispielsweise zurück auf Hitchcock. Seine Filme zeigen neben anderen Besonderheiten auch die Vermischung der Genres Thriller und Melodram. An Klassikern wie VERTIGO lassen sich Genrevariationen erkennen, die heute wieder in den Fokus des Erzählens rücken.

Gabi zu suchen, nicht nur ein Zombiefilm, sondern auch eine große, melodramatische Liebesgeschichte. Am Ende opfert sich Michi, um mit Gabi vereint den Zombietod zu sterben.

Auch im Bereich der Quality-Serien werden fast grundsätzlich *Genrehandlungen* mit dramatischen oder melodramatischen Strängen verknüpft. Multiperspektivisch werden beispielsweise Figuren erzählt, die zu einem Mord in unterschiedlicher Beziehung stehen. Die Angehörigen des oder der Ermordeten durchleben ein Melodram, in dem sie darum ringen, ihr psychisches Gleichgewicht aufrechtzuerhalten. Der Ermittler ist auf der Suche nach der Täterin in einen Krimiplot verstrickt und das Erleben der Täterin wird als Drama beleuchtet. Derart fokussiert um einen Erzählraum, eine Welt der Geschichte werden die Grenzen von Genres überschritten, neue Mischungen und Spielformen entstehen.

In diesen Kontext gehören auch dramaturgische Überlegungen zum Genremix. John Truby vertritt die These, dass es überaus erfolgversprechend ist, „technische Genres" wie Action, Crime, Thriller oder Horror, also den klassischen *Genrefilm*, um dramatische oder melodramatische Handlungsstränge zu bereichern.[146] Das ist die zurzeit gängige Variante. Doch grundsätzlich geht es natürlich auch andersherum. Der Kunstfilm WESTERN, mit kleiner Zielgruppe, erzählt von einer Gruppe deutscher Montage-Arbeiter, die in Bulgarien ein Wasserkraftwerk bauen soll, und von ihrem Kontakt zu den Bewohnern eines nahe gelegenen Dorfes. Der Film ist vor allem ein Sozialdrama, die Anleihen aus dem klassischen Western sind Beigabe: von der Cowboy-Attitüde über das Pferd, das Dorf der Einheimischen bis hin zu einer noch nicht urbar gemachten Landschaft an der Außengrenze einer vermeintlich wertvolleren Zivilisation.

Auffällig an den Genremix-Beispielen RAMMBOCK und WESTERN ist, dass sie sich zwar souverän traditioneller Muster bedienen, aber gleichzeitig in Ansätzen ironisch mit den Vorbildern umgehen – schon alleine durch den

---

146 John Truby in einem Seminar im Oktober 2015 in Berlin. Vgl.: http://truby.com/.

österreichischen Akzent, mit dem sich Michi in RAMMBOCK durch die harte Berliner Zombiewelt kämpft („*I bin der Michi, i such die Gabi.*") – genauso dadurch, dass ein Film, der an der Ostgrenze Europas spielt, als WESTERN benannt ist. Das Genrezitat wird durch eine ironische Brechung als solches erkennbar gemacht. Auch das ist eine zeitgemäße Umgangsform damit.

Insgesamt lässt sich festhalten, dass in den letzten Jahren mit der Neigung, immer neue Mischformen zu entwickeln und frühere Nischengenres für anspruchsvollere Zielgruppen zu adaptieren eine zusätzliche Ausdifferenzierung stattgefunden hat und noch stattfindet. Oliver Schütte sieht einen Motor für diese Entwicklung auch im Aufschwung von Streamingplattformen, die mit ihren Produkten nicht mehr auf große Zuschauerzahlen zielen und sich erlauben können, besondere Genres zu erzählen: *„Streamingdienste setzen auf eine möglichst große Genrevielfalt. Darum werden die neuen Anbieter viele Genres erzählen, vor allem solche, die es bisher noch nicht auf den Bildschirm geschafft haben. Sie werden auch neue Genres schaffen, in dem sie alte, bekannte Genres mischen. Die Zeit der klassischen Krankenhausserien und der eindimensionalen Krimis ist vorbei.*"[147]

Wesentlicher Bestandteil des Trends zum *Genrefilm* ist demnach auch das Entwickeln neuer Mischformen. Diese zielen darauf, die Zuschauerin zu überraschen und mit neuen Varianten zu konfrontieren. Insofern sich Genres per definitionem auf das Vorwissen der Kommunikationspartner beziehen, ist das Sprechen über Hybride mit Horror, Fantasy oder Sitcom-Strängen noch schwieriger geworden. Ist es also ausreichend, THE WALKING DEAD als Zombieserie zu bezeichnen?

Es könnte deshalb sinnvoll sein, mit einer neuen Schnittstelle zum Genre zu arbeiten. Nicht nur bei der Unterscheidung der beiden hier etwas ausführlicher dargestellten Richtungen – *Genre*, insbesondere Mystery, sowie historisches Drama – lässt sich eine Tendenz zur Wahl bestimmter Mittel

---

147 Schütte, Oliver: Fernsehen ist tot. Es lebe das Geschichtenerzählen. Ausblick auf Film und Fernsehen im Jahr 2020, Master School Drehbuch Edition (eBook), Berlin 2016, Kap. Fernsehen war gestern, Das Zeitalter der Serien – The Times They Are A-Changin', 4. Genrevielfalt.

erkennen. Beide Genres gehen ganz verschieden mit den Möglichkeiten um, die Stilformen auf der Drehbuchebene bieten. Insofern bieten beide auch den Hintergrund für eine weitere dramaturgische Kategorie.

STIL

Die ausgeführten Betrachtungen zeigen, inwiefern Genrebegriffe in der zeitgemäßen dramaturgischen Praxis an Grenzen stoßen. Eine Möglichkeit, dies zu umgehen, bietet der Begriff des Stils in Ergänzung zu dem des Genres. Er bezieht sich auf die formale Erscheinung eines Werkes, auf seinen Ausdruck, der durch die Verwendung bestimmter Mittel erreicht wird. In einem kulturhistorischen Sinn wird mit Stilepochen wie der Gotik oder dem Realismus ein charakteristischer Ausdruck einer Strömung in einer bestimmten Zeit erfasst. Er reflektiert damit auch das dahinterstehende Weltverständnis und die Intention der Kunst.

Der Begriff des Stils ist demnach klarer umrissen als der des Genres. Betrachtungen über den Stil von Filmgeschichten finden sich allerdings bislang lediglich in den dramaturgischen Handbüchern von Phil Parker und Keith Cunningham. Der erste Ansatz von vor gut zehn Jahren stammt von Phil Parker. Er unterscheidet zwischen acht verschiedenen Stilarten, die sich auf eine Filmgeschichte als Ganzes auswirken: naturalistisch, realistisch, expressionistisch, surrealistisch, theatralisch, fantastisch, observierend und impressionistisch. Dabei lehnt er sich weitgehend an Kategorien aus der Literatur- und Kunstwissenschaft im Kontext der Moderne an.[148]

Wichtig für das Verständnis des Stils nach Parker ist, dass dieser sich noch vor der kreativen Arbeit in Produktion und Postproduktion, also vor Ausstattung, Schauspiel, Kamera, Montage und Regie im Drehbuch manifestiert. Laut Parker gehören dazu: Handlungsort, Charakterisierung, Dialog, Balance zwischen Dialog und Handlung, Montage, Perspektive, Farbe, Geräusche/Sound, Spezialeffekte. Die meisten Elemente lassen sich im Rahmen der Stoffentwicklung mehr oder weniger berücksichtigen. Manche, wie Handlungsort, Charakterisierung oder Perspektive sind elementar für das Drehbuch. Andere, wie Montage oder Spezialeffekte werden bei der

---

148 Vgl. Parker, Phil: Die kreative Matrix, S. 66ff und 249ff. Verwirrend ist allerdings, dass Parker die Begriffe „realistisch" und „naturalistisch" umgekehrt zum kulturhistorischen Gebrauch beschreibt.

Stoffentwicklung in einzelnen Szenen zumindest angedeutet oder mitgedacht.

In den letzten Jahren hat eine Hinwendung zu besonderen Stilen durch manche Filmgeschichten fast unbemerkt an Relevanz gewonnen. Zwar werden im deutschen Fernsehen (historische) Dramen, aber auch Krimis fast immer in einem realistischen Stil erzählt. Doch werden gerade die Ausnahmen viel beachtet – wie zum Beispiel der TATORT des Hessischen Rundfunks IM SCHMERZ GEBOREN, der in Anlehnung an die Dramen von William Shakespeare eine Rachegeschichte mit Stilelementen des Theaters, aber auch mit Versatzstücken des Westerngenres erzählt. Zudem erlauben die aktuellen Variationen des Krimis im Serienbereich wie Mystery und Dark Drama eine Öffnung der Stilwelten. Fantastische, surreale oder expressionistische Elemente werden gängiger. Die Wirkungsmechanismen tradierter Muster können dabei ausgeschöpft, unter Umständen auch neu interpretiert und ein Stück weit (ironisch) überspitzt werden.

Sogar bei Standardgenres wie der Kinokomödie scheint es mehr Vielfalt zu geben. Die Komödie FÜHLEN SIE SICH MANCHMAL AUSGEBRANNT UND LEER? über eine Frau, die mit einer Doppelung ihrer selbst konfrontiert wird, entführt den Zuschauer in eine zum Teil fantastische und surreale Welt aus animierten Hausfassaden und bunten Farben. *„Immer mehr Filme sind eigen, Unikate, und manchmal entziehen sie sich den Kategorien völlig"*[149], freut sich Christoph Gröner nach dem Filmfest München 2017 in *„Blickpunkt:Film"*. In größerem Umfang und in verschiedenen Formaten scheint ein Aufbruch der Kreativen stattzufinden. Umso deutlicher zeigt sich daran eine Selbstverständlichkeit: dass die Individualität jedes einzelnen Projektes erster Maßstab jedweder dramaturgischen Betrachtung sein muss. Zum anderen öffnet diese Entwicklung den Blick dafür, dass das Wissen über die Traditionen einzelner Genres um ergänzende, aber flexiblere Kategorien erweitert werden könnte.

---

149 Gröner, Christoph: Ein unheimlich guter Jahrgang. In: Blickpunkt:Film #26/27 vom 26.06.2017.

Interessant daran ist der Gedanke, dass sich Stile als eine Art Unterordnung von bekannten Genres verschiedenartig übertragen lassen und diese bereichern. Es ist „*dieser Aspekt der Flexibilität seiner Mittel, der das Element Stil so unverwechselbar macht und dazu führt, dass dies eins der ersten Dinge ist, die von den Zuschauern bemerkt werden.*"[150] Parker ordnet die Stile bestimmten Genres zu, es geht ihm um die Kombination von Genre und Stil. So ist der expressionistische Stil geeignet für Genres, „*deren Interesse dem individuellen Seelenzustand von Figuren gilt, beispielsweise dramatische Liebesgeschichte, psychologischer Thriller, Charakterdrama, Horror.*"[151] Zum Charakterdrama passen aber auch der naturalistische und der realistische Stil.[152] Eine Geschichte bekommt durch die Wahl des Stils einen eigenen Ausdruck, der dann beim Zuschauer eine bestimmte Wirkung entfalten kann und soll.

Dies lässt sich an zwei Beispielen aus deutscher Produktion nachvollziehen: DAS WEISSE RAUSCHEN zeigt die Wahnerlebnisse des schizophrenen Protagonisten Lukas auch durch Farbveränderungen und Stimmen in einem expressionistischen Stil. Es wird versucht, optische und akustische Halluzinationen filmisch umzusetzen. Die Zuschauerin erhält einen Einblick in die Innenwelt und das Leiden des Protagonisten. Eine ganz andere Wirkungsabsicht verfolgt REQUIEM. Angelehnt an den realen Fall der Anneliese Michel aus den 1970er Jahren erzählt der Film die Geschichte einer jungen Frau, die zu einer bestehenden Epilepsie dissoziative Symptome entwickelt und sich am Ende freiwillig einem Exorzismus unterzieht. Der Film fokussiert mit einem naturalistischen Blick von außen auf die Hilflosigkeit der Studentin Michaela, auf ihre Familie und Freunde angesichts ihres psychotischen Erlebens und ihres Abdriftens in religiöse Wahnvorstellungen. Der Zuschauer hat bei REQUIEM keine direkte Möglichkeit, Michaelas Gefühle

---

150 Parker, Phil: Die kreative Matrix, S. 70.
151 Ebd., S. 251.
152 Vgl. ebd., S. 244.

nachzuvollziehen und bleibt distanziert. Die unterschiedliche Wirkungsabsicht von REQUIEM wird auch an den nüchternen Dialogen und knappen
Szenen deutlich. REQUIEM erzählt vor allem von der Ratlosigkeit der Figuren
angesichts der Erkrankung. Demgegenüber versucht DAS WEISSE RAUSCHEN
Symptome der psychischen Störungen für die Zuschauerin sicht- und hör-
bar zu machen. Die Wahl des Stils – expressionistisch oder naturalistisch
– prägt Inhalt und Aussage der Geschichte entscheidend. Allerdings hängt
es nach Parker am jeweiligen Projekt, inwieweit sich ein Autor dieser Mittel
bewusst sein muss: *„Es ist ein riesiger Unterschied, ob man Stilfragen in Bezug auf einen innovativen Fernseh-Mehrteiler stellt, in Bezug auf einen Spielfilm oder ob man die 135. Folge einer Endlosserie schreibt.“* [153]

Trotz dieses Blicks auf unterschiedliche Formatanforderungen, Sendeplätze und Zielgruppen wirken Parkers Kategorisierungen im Detail forma-
listisch und regelhaft. Dennoch können daraus Anregungen abgeleitet werden, um ausgehend von einem Genre und passend zur Intention und Vision
der Macherinnen erste Ansätze für eine spezifische Erzählweise zu finden.

Etwas tiefer, wenn auch mit sehr weit gefassten Kategorien, steigt Keith
Cunningham in das Thema ein. Er unterscheidet zwischen drei beziehungsweise vier Idiomen (Sprech- oder Ausdrucksweisen einer Gruppe), die mit
Parkers Stil annähernd vergleichbar sind: Realismus, Romantik, Expressionismus – und Synthetic/Reflexiv als neue Entwicklung: *„While realism takes
the empathic observation of the world as a starting point and romanticism
creates a larger than life experience, expressionism's aim is to take the
audience directly into irrational feeling states.“* [154]

- Im Realismus geht es folglich um alltägliche Schauplätze, authentische
  Dialoge, gewöhnliche Schicksale und ambivalente Charaktere. Der Zuschauer entwickelt Empathie, indem er die Motive der Figuren nachvollzieht.

---

153 Ebd., S. 70.
154 Cunningham, Keith: The Soul of Screenwriting, S. 228.

- Demgegenüber erzählt das romantische Idiom Geschichten wie einen Tagtraum in verklärender Art und Weise. Die zentralen Charaktere sind faszinierend und frei von Banalitäten (*„Does James Bond ever have to brush his teeth or go to the toilet?"* [155]). Sie sind umgeben von Codes, die ihre ästhetisierte Welt zu einer besonderen machen. Ihre Sprache ist knapp und ausdrucksvoll.

- Das expressionistische Idiom besitzt indessen neben realistischen auch unwirkliche, unlogische oder übernatürliche Elemente, so wie sie im *Genrefilm* häufig vorkommen.

- Ein neues, das synthetische/reflexive Idiom, hat sich darüber hinaus in der medial vermittelten Wirklichkeit der postindustriellen Gesellschaft gebildet. Es verweist zum Teil ironisch auf seine mediale Beschaffenheit und macht dem Zuschauer deutlich, dass es ein Konstrukt ist.
Cunningham erkennt dieses Idiom in Filmen mit postmodernen Elementen wie PULP FICTION oder LOLA RENNT.

Wichtig zum Verständnis der Idiome insgesamt ist, dass die Übergänge zwischen den Stilen fließend sind. Der Grad von Realismus und Romantik ist in jedem Projekt individuell definierbar. Auch aus einer Kombination des romantischen und des expressionistischen Idioms sind nach Cunningham längst Mainstreamfilme wie DAS SCHWEIGEN DER LÄMMER entstanden. Dort ist Hannibal Lecter eine in ihrer Boshaftigkeit überhöhte, idealisierte Figur, also eigentlich romantisch, während der Film einen alptraumhaften, expressionistischen Inhalt zum Ausdruck bringt.

A BEAUTIFUL MIND beinhaltet als expressionistisches Element die Wahnvorstellungen des schizophrenen und genialen Mathematikers John Nash, der glaubt, im Auftrag der US-Regierung geheime Codes zu entschlüsseln. Der Film fasst das Leiden Nashs insgesamt aber in eine romantisch bereinigte und idealisierte Geschichte. [156] Seine Frau Alicia hält über all die

---

155 Ebd., S. 225.
156 Vgl. ebd., S. 231.

Jahre zu ihm. Am Ende wird Nash für seine mathematischen Erkenntnisse mit dem Nobelpreis gewürdigt. In seiner Dankesrede gibt er diese Anerkennung an Alicia weiter, indem er die Liebe als die wichtigste Entdeckung seiner Karriere bezeichnet: *„Ich bin heute Abend nur deinetwegen hier, du bist der Grund meines Lebens, du bist mein einziger Grund."* Mehr Liebeserklärung geht nicht. Unter der Prämisse, Schizophrenie am Beispiel einer besonderen, weil genialen Figur zu erzählen und mit dramaturgischen Entscheidungen wie einer starken romantischen Nebenhandlung bis hin zur größtmöglichen Ehrung am Ende zu verklären, überhöht und harmonisiert der Film das Leid und die sozial eher schwierige Realität, die mit psychischen Störungen oftmals einhergeht. Die *„Beschwörung von Mitleid und Rührseligkeit"*[157] wurde vielfach kritisiert. Gleichzeitig ist der Film offenbar in der Lage, ein vergleichsweise großes Publikum emotional zu binden. Mit 2,25 Millionen Zuschauerinnen in Deutschland ist A BEAUTIFUL MIND einer der wenigen publikumsstarken Filme über eine Hauptfigur mit psychischer Störung. Dabei ist das Genre des Films – von Biopic über Drama bis Melodram mit Thriller und Liebesfilmanteilen – nur schwer zu bestimmen und die Genrekategorien helfen nicht dabei, die Wirkung auf den Zuschauer zu beschreiben. Letztlich können die Beispiele DAS WEISSE RAUSCHEN (87.000 Zuschauer in Deutschland), REQUIEM (104.000 Zuschauerinnen in Deutschland) und A BEAUTIFUL MIND allesamt als Dramen über Filmfiguren mit psychischen Störungen bezeichnet werden. Gleichzeitig bestimmt jeweils eine andere Richtungsentscheidung zur Aufnahme bestimmter Stilelemente die Wirkung der Geschichte und letztlich auch die Zuschauer-Resonanz.

Doch wie hängen Genre und Stil genau zusammen? Nach Phil Parker schafft das Genre *„eine verbindende Einheit übergreifend für die Erzählung als Ganzes"*[158], während sich der Stil im filmischen Moment auswirkt. Nach Keith Cunningham bezieht sich das Genre auf einzelne Elemente, die zusammen den Inhalt bilden, während der Stil Ausdrucksweisen beschreibt.

---

157 Zweitausendeins.de: A Beautiful Mind. https://www.zweitausendeins.de.
158 Parker, Phil: Die kreative Matrix, S. 227.

Entscheidend für die Stoffentwicklung ist bei Cunningham vor allem die Frage nach dem Hauptidiom, das das Thema der Geschichte ideal zum Ausdruck bringen soll.[159] Bei beiden Dramaturgen zielt das Genre stärker auf die ganze Geschichte. Demgegenüber beschreibt der Stil die Erscheinung und Wirkung kleinerer Einheiten. Des Weiteren lehnen beide Dramaturgen Stilarten an kulturhistorische Phasen an. Damit ist eine klare Richtung zum Verständnis des Stils vorgegeben. Es geht um Maßnahmen, die dem Lebens- und Weltverständnis einer Epoche oder einer künstlerischen Richtung Ausdruck verleihen. Filmgeschichten bedienen sich ihrer Aussagekraft und üben damit eine entsprechende Wirkung auf den Rezipienten aus.

Parkers und Cunninghams Überlegungen sind demnach vor allem als Ausgangspunkt einer Diskussion zu verstehen, den Stil als zusätzliches Element der Dramaturgie zu betrachten und ihn in seiner Verbindung zum Genre nachzuvollziehen. Der vielfältige, durch immer neue Mischungen und Unterteilungen ausufernde Genrebegriff ist nur bei Geschichten, die sich sehr deutlich an ein stark tradiertes Muster anlehnen (Thriller oder Romantic Comedy) zum genaueren Verständnis der Tonalität geeignet. Bei vielen anderen Stoffen, auch in weit gefassten Genres wie dem Drama, könnte die Kombination von zwei Perspektiven – Genre und Stil – zu einer Schnittstelle führen, die einen zielgerichteteren Umgang mit Ausdruck und Wirkungsabsicht ermöglicht.

---

159 Vgl. Cunningham, Keith: The Soul of Screenwriting, S. 231ff.

┌─ **DIE WICHTIGSTEN THESEN** ──────────────────────────────┐

- Die Dramaturgie der letzten Jahre hat sich verstärkt mit Genre-
  traditionen auseinandergesetzt. Auf dem Markt sind zwei Trends
  auffällig: Mystery als Spezifikation des *Genrefilms* und das historische Drama. Unabhängig von diesen Trends findet grundsätzlich
  eine Ausdifferenzierung statt, die sich in einer Vielfalt neuer Mischformen und Varianten zeigt.

- Zur Kombination von kulturhistorischen Stilen mit Genretraditi-
  onen gibt es erst wenige dramaturgische Überlegungen. Dabei
  bieten Stile die Möglichkeit, Stoffe vor allem bezüglich ihrer Wirkungsabsicht klarer auszurichten.

└──┘

PANORAMA

GESELLSCHAFTLICHER BEZUG

Das gesteigerte Interesse am *Genrefilm* und damit auch am expressionistischen Stil als Ausdruck subjektiver Empfindungen zeigt die Freude am Spiel mit medialen Standards und Codes. In diesem Kontext ist die Vermittlung einer übergeordneten, sicheren Wahrheit oder auch nur eines Abbildes der Wirklichkeit nicht mehr Hauptintention des Erzählens. Vor allem der Mystery-Trend und das Dark Drama bringen eine grundlegende Unsicherheit in Bezug auf die Realitätserfassung zum Ausdruck. Mark Wachholz konstatiert zum Dark Drama: *„Wo Bezugspunkte wegfallen und eine Abwesenheit von etablierten Normen und Werten entsteht, gerät auch das Individuum in seiner Selbstkonstituierung in eine Krise."*[160]

Dies offenbart eine postmoderne Note und kann als Spiegel einer längerfristigen gesellschaftlichen Entwicklung verstanden werden. Gemeint ist, dass der Mensch durch die Entzauberung metaphysischer Weltbilder, der „großen Erzählungen" wie Religionen und Ideologien zunehmend den Halt und sichere Bezugspunkte zum Verständnis der Welt und zur Konstitution seiner Identität verliert. Der Literaturwissenschaftler Dietmar Voss bemerkt bereits 1986: *„Es genügt, sich zu vergegenwärtigen, dass heutzutage Kinder mit Heimcomputern und digitalen Taschenrechnern aufwachsen, um abzusehen, daß die alltägliche Lebenswelt der ‚coolen' Gegenwart [...] ganz und gar von Wissenschaft durchdrungen ist. Und diese Wissenschaft kennt nicht mehr die Gegenüberstellung von ‚Wirklichem' und ‚Scheinhaftem', sie kennt nur mehr ‚Simulakren'."*[161] Die reale Welt tritt zurück hinter medial vermittelten Erlebnissen. Durch die Digitalisierung, unter anderem durch Internet und Social Media, wird diese Entwicklung beschleunigt. Alles bezieht sich

---

160 Wachholz, Mark: Höllentrips aus der Postmoderne, S. 34.
161 Voss, Dietmar: Metamorphosen des Imaginären – nachmoderne Blicke auf Ästhetik, Poesie und Gesellschaft. In: Huyssen, Andreas und Scherpe, Klaus R. (Hg.): Postmoderne. Zeichen eines kulturellen Wandels. Reinbek bei Hamburg 1986, S. 232f. http://www.gorillaverlag.com/.

auf bestehende Narrative, alles ist Muster, Code oder Genre, alles ist Zitat. Es wird immer schwieriger, eine dahinterstehende Wahrheit zu erkennen. Zwar transportieren die meisten *Genrestücke* inklusive der genannten Mystery-Serien auch grundlegende Antworten auf Fragen des menschlichen Lebens und Zusammenlebens.[162] Freundschaft, Zuneigung und Liebe spielen oft eine positive Rolle. Fast nie geht es um eine radikale, postmoderne Dekonstruktion. (Dies tut lediglich das Dark Drama, beispielsweise von Quentin Tarantino oder David Lynch). Doch die Prämisse des *Genretrends* lautet: Realität wird vieldeutig wahrgenommen und vieldeutig erzählt. Mit Untoten und Zombies, mit aufbrechenden seelischen Abgründen und unzuverlässigen Erzählern wird zumindest eine zeitweilige Erschütterung der vermeintlichen Wirklichkeit transportiert. Dies lässt sich verstehen als Abgesang auf den Verlust des Glaubens an frühere Gewissheiten. Der Trend zum *Genre* bringt tiefsitzende Veränderungen und Ängste zum Ausdruck.[163]

Indes steigt mit dem Gedanken, dass keine oder nur wenige Sicherheiten erkennbar sind, dass die Welt weitgehend medial vermittelt wird, auch die Freude an Form und Oberfläche. Statt sich mit einem Film der Wirklichkeit zu nähern, rückt das lustvolle Spiel mit den Zeichen in den Vordergrund. Der *Genrefilm* oder die -*serie* wirkt intensiv, zum einen durch einen expressiven Stil und durch Stilmittel, die starke äußere Effekte hervorrufen wie subjektive Wahrnehmungen, eine ausdrucksstarke Farb- und Bildgestaltung sowie Musik. Wesentlich ist außerdem die Assoziationskraft, mit denen tradierte Codes und Muster durch ihre Geschichte verbunden sind.

Das Engagement für den *Genrefilm* in Deutschland ist insofern vielleicht auch als aufkeimende Gegenbewegung zum vorherrschenden Realismus zu verstehen. Insbesondere beim historischen Drama dient die Vergangenheit der Selbstvergewisserung und Identitätsbildung. Hier wird das Gefühl

---

162 In WEINBERG erweist sich die Hauptfigur Fuchs am Ende als Abspaltung des Jungen Adrian. Die Aufklärung des Falls und damit auch eine Annäherung zwischen dem verängstigten Adrian und seiner Fantasie gelingt über positive Emotionen wie Zuneigung und Vertrauen.

163 Dass diese berechtigt sind, zeigt die Diskussion um sogenannte Fake-News , die die Folge medialer Blasen sind. Im Gegendiskurs entsteht zurzeit wieder ein Bewusstsein dafür, dass es vielleicht keinen Sinn, so aber doch eine Welt aus empirisch erfassbaren Fakten und damit eine Wahrheit gibt.

vermittelt, dass das Eintauchen in die Geschichte Antworten für die heutige Zeit liefern kann. Doch dieses Angebot ist fadenscheinig. Mit dramatischen Elementen wird die Immersion der Zuschauerin erhöht. Sie verlässt den Boden der Realität ohne die Möglichkeit zur Rückkopplung. Sie ist bereit, sich auf ein Spiel einzulassen, das davon handelt, sich in einem bestimmten historischen Verständnis mit einem möglichst hohen emotionalen Faktor zu verorten. Letztlich geht es dabei aber nicht nur um Sachlichkeit und Information. Historische Dramen scheinen den Zuschauer aufgrund einer stillschweigenden Vereinbarung zu erreichen. Mit einer möglichst bewegenden Erzählung über die kulturelle Vergangenheit wird ein Prozess fortwährender Verarbeitung in Gang gehalten. Elemente der eigenen Geschichte sind in ein dramatisches Narrativ gefasst.

Darüber hinaus ist das historische Drama Teil einer gesellschaftlichen Erinnerungskultur, die Geschichte bewahren und verdichten – und im besten Fall auch neu interpretieren und deuten kann. Dies zeigt die intensive Mediendiskussion, die so gut wie jeden Kinofilm und TV-Beitrag kritisch begleitet, der sich mit dem Dritten Reich auf eine bis dato ungewöhnliche Art auseinandersetzt und damit das bestehende Narrativ umdeutet oder ergänzt.[164] Filme und Serien wie DER UNTERGANG, INGLOURIOUS BASTERDS, UNSERE MÜTTER, UNSERE VÄTER oder ER IST WIEDER DA, die die journalistische Diskussion geprägt haben, können auch als Korrektiv verstanden

---

164 So ist beispielsweise der umfassende Quoten-, Preis- und Kritikererfolg von UNSERE MÜTTER, UNSERE VÄTER zu erklären. Wie schon der Titel zum Ausdruck bringt, wird generationenübergreifend ein neues Verständnis dieses Ausschnitts von Geschichte und der Prägung vieler Zuschauerinnen in Deutschland hergestellt. Das bezieht sich auch auf Dramaturgie und Machart: *„Weit verbreitet ist die Einschätzung, dass der Film – bei aller Kritik – über das hinaus geht, was bislang zu sehen war. [Norbert] Frei etwa sagt: [...] weil wir den Krieg gegen die Sowjetunion im deutschen Fernsehen noch nie auf eine so ungeschönte Weise gesehen haben. Der Vorzug dieses Dreiteilers sind seine Grautöne: keine eindimensionalen, idealisierten Figuren, keine Einladung zur leichten Identifikation, kein Melodrama, sondern gebrochene Charaktere, die sich ihrer Mitschuld bewusst werden."* Weber, Matthias und Schmitz, Stefan: Weltkriegsfilm „Unsere Mütter, unsere Väter". Das gespaltene Urteil der Historiker. In: Stern vom 23.03.2013. http://www.stern.de/.
Interessant dabei ist auch die Frage, inwiefern traumatisierte Kriegsteilnehmer durch die Miniserie überhaupt angesprochen werden. Michal Wolfgang ist der Meinung: *„Das Doku-Drama repräsentiert also nicht die Traumata der Eltern, sondern die Wunschtraumata ihrer Kinder. Es sind eingebildete Flashbacks, mit denen die sekundär Traumatisierten den Eltern Schuld und Scham abnehmen wollen und Gerechtigkeit für sie einfordern."* Michal, Wolfgang: ‚Unsere Mütter, unsere Väter'. Wunschtraumata der Kinder. In: Frankfurter Allgemeine Zeitung vom 22.03.2013. http://www.faz.net/.

werden. Sie verhindern ein Stück weit, dass eine wie auch immer geartete Deutungshoheit durch eine bestimmte fiktionale Lesart entsteht. Insofern stellt sich bei jedem historischen Projekt auch die Frage, ob es den Status Quo zementiert, ob es dem bestehenden Narrativ einen neuen Aspekt hinzufügt, welche Aussage dieser Aspekt transportiert und ob diese Aussage im Sinne der Vision der Kreativen ist.

Doch unabhängig von den beiden Trends – *Genrefilm* und *-serie* sowie historisches Drama: Die Vielfalt der Endgeräte und Empfangstechniken bedingt eine zunehmende Ausdifferenzierung sich auffächernder und aufspaltender Zielgruppen. Die Möglichkeit in einer globalisierten, digitalen Welt eigene Interessen zu entdecken und zu verfolgen – unter Umständen sogar filmisch umzusetzen und zu verbreiten – führt auch dazu, dass neue Einteilungen erforderlich werden. Die Kategorie des Stils könnte dafür eine taugliche Arbeitshypothese sein. So fasst KINDER, die erste Folge der zweiten Staffel von SCHULD NACH FERDINAND VON SCHIRACH viele Lebensjahre der Episodenfigur Holbrecht in expressionistischen Zeitraffern über das Vergehen der Jahreszeiten zusammen. *„Fantasien, Albträume, Erinnerungsfetzen an Szenen und Gesagtes mischen sich in den Handlungsablauf. Psychisches Erleben von Opfer und Täter drängen mit ins Bild, so dass Perspektiven schlingern und Eindeutigkeiten verschwimmen."*[165]

Offensichtlich streben immer mehr Filmemacher, aber auch einige Zuschauer danach, besondere Geschichten auch in Bezug auf Genre und Stil zu erleben. Doch führt die Ausrichtung des deutschen Marktes auf Zuschauerzahlen und Quote dazu, dass in Sachen Genre und Stil zumeist vor allem bewährte Standards reproduziert werden. Andreas Kilb sieht den Grund für die Schwierigkeiten des deutschen *Genrefilms* auch darin, dass die Entscheider und Geldgeber in Deutschland vor allem auf Fernsehformate ausgerichtet sind: *„Denn die kinetische Energie, die ein Thriller erfordert, ist mit dem Bedürfnis von Fernsehredakteuren und Fördergremien nach Sinnstiftung,*

---

165 Bolduan, Viola: Die Psyche spielt mit: Neue Staffel „Schuld" nach Ferdinand von Schirach im ZDF. In: Echo vom 15.09.2017. http://www.echo-online.de/.

Charakterzeichnung, Familienfreundlichkeit und Positivität prinzipiell unvereinbar. [...] Die finanzielle Schere, die zugleich eine ästhetische ist, steckt eben in allen Köpfen, sie hat mit einer Haltung zu tun, die vom deutschen Kino von vornherein nicht mehr erwartet als das, was man im deutschen Fernsehen zu sehen bekommt."[166]

FILM- UND FERNSEHKRITIK DEUTSCHLAND

Das Interesse am *Genre* hat nicht nur die Theorie, sondern auch viele Filmemacher erfasst. Dennoch behaupten sich in Deutschland nach wie vor nur einige wenige Genres als marktrelevant. Sie machen einen Großteil des Film- und Fernsehmarktes aus:

- Im Kino sind das die Komödie in verschiedenen Tonalitäten – vom Comedy-Format (BULLYPARADE – DER FILM) bis zur mainstream-relevanten Mischung der Dramödie (WILLKOMMEN BEI DEN HARTMANNS) oder der Tragikomödie (DIE LETZTE SAU). Til Schweiger hat mit KEINOHRHASEN und allen Folgefilmen die Variante der Romantic Comedy in Deutschland zu einer festen Größe werden lassen.
  Daneben erreichen viele Kinder-, Jugend- und Familienfilme nennenswerte Zuschauerzahlen (die BIBI & TINA-, die RICO, OSCAR UND ... sowie die OSTWIND-Reihe).
  Außerdem existieren zahlreiche, für eine kleine Zielgruppe und die Festival-Auswertung konzipierte Dramen, die zumeist gesellschaftlich relevante Themen behandeln (wie zum Beispiel Spätabtreibung in 24 WOCHEN).
- Im TV steht der Krimi an erster Stelle, der zum Teil sehr düster erzählt wird (beispielsweise, wenn auch nicht durchgängig, auf dem ZDF-Sendeplatz FERNSEHSPIEL DER WOCHE mit Reihen wie STRALSUND) – oder im Gegenteil gemischt mit komischen Elementen (MORD MIT AUSSICHT, ARD). Häufig vertreten sind außerdem Geschichten, die leichte Unterhaltung

---

166 Kilb, Andreas: Der deutsche Kinothriller findet nicht statt. Notizen zum Stand der Dinge. In: Rother, Rainer und Pattis, Julia (Hg.): Die Lust am Genre. Verbrechergeschichten aus Deutschland. Berlin 2011, S. 105.

bieten, also Komödien oder freundliche Dramen (ZWEIBETTZIMMER, ZDF über zwei sehr unterschiedliche Frauen in einer Reha-Klinik, NEU IN UNSERER FAMILIE – ZWEI ELTERN ZUVIEL, ARD über eine Patchworkfamilie). Gesellschaftlich relevante Themen werden weitgehend in diesen beiden Genres als Krimi oder in leichter Drama-Form verhandelt.

Insofern Dramen ernst und realistisch angelegt sind, werden sie oftmals als Besonderheit herausgestellt und von einem größeren medialen Diskurs begleitet (MITTEN IN DEUTSCHLAND: NSU). Erst in letzter Zeit wird die Tonalität auf einigen öffentlich-rechtlichen Sendeplätzen grundsätzlich ernster (beispielsweise am ARD-Mittwoch mit Filmen wie ATEMPAUSE über den Umgang der Eltern mit dem Hirntod eines Kindes, DAS WEISSE KANINCHEN über Cyber-Grooming).

Bei fast allen genannten Beispielen überwiegt ein realistischer Stil, bei den Komödien sind lediglich leichte romantische Tendenzen erkennbar. Insgesamt scheint es in Deutschland eine Scheu vor zu viel Überhöhung genauso wie vor expressionistischer Grenzüberschreitung (oder anderen besonderen Ausdrucksformen) zu geben. Romantische und expressionistische Elemente rufen besonders starke Emotionen im Zuschauer hervor. Genau deshalb bleibt die Vermarktung von Filmen mit einer solchen Stildominanz risikoreich. Der Zuschauer wird am weitesten aus seiner gewohnten Welt gerissen. Für Keith Cunningham sind solche Filme zwar emotional wirkungsmächtig, wie er an DAS SCHWEIGEN DER LÄMMER belegt. Doch hält er vor allem die Verwertung von Filmen mit hohem expressionistischem Anteil für schwierig: *„This idiom is the most difficult to evaluate in terms of public response, because it goes against the culture's view of reality."* [167]

Dies könnte auch Grund dafür sein, warum es nach wie vor mühsam ist, *Genrefilme*, die tendenziell expressionistische Elemente aufweisen, in Deutschland zu finanzieren und auf den Markt zu bringen. Mit vergleichsweise kleinen Budgets produziert, scheint vielen Verantwortlichen das Vermarktungsrisiko

---

167 Cunningham, Keith: The Soul of Screenwriting, S. 229.

zu hoch zu sein.[168] Das aktuell erstarkte Bestreben von Kreativen, solche Filme zu entwickeln, genau wie der Trend zu Mystery bei den Quality-Serien der Streamingdienste lässt jedoch darauf schließen, dass es ein zunehmendes Bedürfnis gibt, die gängigen Sehgewohnheiten in Richtung *Genre* aufzubrechen und ein Stück weit davon abzurücken. Die entscheidenden Fragen bei der Entwicklung von *Genrefilmen* und *-serien* könnten deshalb sein: Welche zugkräftigen Inhalte, welche emotional starken Themen und welche zusätzlichen Stilelemente insbesondere in Bezug auf Romantik könnten dazu führen, die jeweils erwünschte Wirkung im Kino, im linearen Fernsehen oder im Pay-TV zu erreichen?

Auf der anderen Seite steht der Trend zum Historischen. Er korreliert fast ausnahmslos mit dem Realismus. Wenn es darum geht, das narrative Element der Geschichte unkenntlich zu machen und die Fiktion nah an den Zuschauer heranzuholen, scheint dieser Stil besonders wirksam.[169] Der Einsatz des Realismus beim historischen Drama ist demnach in vielen Fällen sinnvoll und schlüssig.

---

168 Christine Haeussler benennt in ihrer Bachelorarbeit aus dem Jahr 2015 Gründe für die geringe Zahl namhafter deutscher *Genrefilme* im Kino. Ursächlich sind zunächst die Strukturen des deutschen Filmmarktes, der ohne große Studios und in finanzieller Abhängigkeit von Fernsehsendern und Förderungen agiert. Haeussler arbeitet im Zusammenhang damit anhand des Gap Modells (aus dem Dienstleistungssektor nach Zeithaml, Parasuraman und Berry) fünf unterschiedliche Qualitätslücken heraus: den Mangel an Kenntnissen des *Genrefilms* und die Missachtung der entsprechenden Publikumserwartungen bei Machern und Verantwortlichen (Knowledge Gap), den mittelmäßigen Qualitätsstandard des deutschen *Genrefilms* (Standards Gap), die geringe Anzahl deutscher *Genrefilme* im laufenden Kinobetrieb (Delivery Gap), deren Vermarktung für ein Arthouse-, nicht für ein *Genrepublikum* (Communications Gap) und das schlechte Image des deutschen *Genrefilms* beim Zuschauer (Service Gap). Vgl. Haeussler, Christine: (Bachelor Thesis) The German Genre Film. Perceived Obstacles Confronting ‚Neuer Deutscher Genrefilm' and other Stakeholders. Stenden University of Applied Sciences, Leeuwarden 31.07.2015.

169 Auch in anderen medialen Bereichen spiegelt sich diese Entwicklung: Designer streben bei der Grafik von Games *„nach einem immer höheren, dem Prinzip nach fotografischen Realismus"*. Laut Csongor Baranyai geht es bei Transmedia vor allem darum: *„Spiele und interaktive Medien werden nicht nur wahrgenommen, sondern vor allem auch erlebt. Die rezipierte Geschichte wird durch die des eigenen Erlebnisses ergänzt und überlagert."* Verstärkt geht es um eine Nachbildung von oder eine Anlehnung an Realität. Wie eine Vermischung von fiktivem Realismus auch auf der Ebene von transmedialen Storywelten funktionieren kann, zeigen Beispiele wie die US-amerikanische Serie LOST: Über ein Alternate Reality Game (The Lost Experience) konnte sich der User auf verschiedenen Internetseiten zu einzelnen Figuren sowie der mysteriösen Firma Hanso Foundation Informationen über Rätsel der Serie erspielen. Die Erlebniswelt ist so gebaut, dass sie die Realität durch Anspielungen an diese überlagert. Sie wird Teil des Alltags des Users, auch weil er sie sich durch eigene Aktivitäten zusätzlich aneignet. Er verliert die Distanz zum Medium. Baranyai, Csongor: Der Transmedia-Storyteller als Krimiautor, S. 61.

Doch was ist mit anderen, mit den bislang geläufigsten Genres im deutschen Kino und Fernsehen, dem Krimi und der Komödie? Auch diese Genres sind fast standardmäßig in einem realistischen Stil gehalten. Vielleicht findet sich genau hier ein Ansatz zu einem mutigeren deutschen Kino oder dazu, Pay-TV-Formate mit einem starken Alleinstellungsmerkmal zu entwickeln. Es geht dabei allerdings nicht um ein wildes Experimentieren, sondern um ein vielfältigeres Anlehnen an die bereits in Kunst und Kultur vorhandenen Stile, passend zur Aussage und Wirkungsabsicht der jeweiligen Geschichte. Romantik und Expressionismus nach Cunningham bedienen sich weitaus freier der Möglichkeiten, die das Audiovisuelle bietet. Die von Phil Parker darüber hinaus gelisteten Stile sowie weitere kulturhistorischen Bezüge und Techniken könnten ebenso das Spektrum erweitern und Geschichten in ihrer Erzählweise und ihrer Umsetzung zu eigenen Erlebniswelten werden lassen.

So wird in der BBC-Interpretation SHERLOCK (nach der klassischen Vorlage von Sir Arthur Conan Doyle) die Innenwelt der Hauptfigur durch Halluzinationen, durch die Visualisierung von Gedanken und ähnliche Stilmittel expressionistisch nach außen gekehrt. Die Krimiserie spielt darüber hinaus mit Zeitraffung und -straffung, mit Rückblenden und Flashforward, mit Fahrten und Sprüngen durch den Raum sowie mit Einblendungen digitaler Kommunikation. In rasantem Tempo wird das Geschehen verdichtet und intensiviert. Die 1887 entwickelte Figur ist in ihrer zeitgemäßen Adaption *„ein digitaler Irrer. Er ist hyperaktiv, sexuell nicht einzuschätzen (so einer liebt eher beide Geschlechter, je nach Laune). Und er ist genial. Der originale Holmes war ein begnadeter Naturwissenschaftler und Logiker. ‚Sherlock 21'* (Benedict Cumberbatch) beherrscht auch die digitale Welt."[170] Um dem Ablauf zu folgen, muss der Zuschauer in hohem Maße Leerstellen imaginieren und kognitive Schlüsse nachvollziehen. Das Beispiel SHERLOCK aus England zeigt, wie die bewusste Kombination von Genre und Stil ein Spielfeld neuer Möglichkeiten eröffnen kann.

---

170 Riehl, Katharina: Sherlock Holmes ans iPhone bitte. In: Süddeutsche Zeitung vom 01.08.2011.
    http://www.sueddeutsche.de/.

MÖGLICHKEITEN DER DRAMATURGIE

Wie in diesem Kapitel gezeigt, hat sich die Dramaturgie in Bezug auf die Betrachtung einzelner Genres deutlich weiterentwickelt. Dabei geht es zumeist um Tools zum Entwickeln sogenannter „Megagenres" wie Abenteuer, Komödie oder Crime-Story und zahlreicher Spielarten. Die stärkere Ausdifferenzierung dramaturgischer Ansätze entspricht auch der neu aufbrechenden Vielfalt des Erzählens.

Darüber hinaus wäre es trefflich, wenn dramaturgische Überlegungen zum Genre nicht nur Traditionen erfassen und festschreiben würden, sondern stattdessen zeitgemäße Kombinationen und neue Varianten im Blick hätten. Sinnvoll scheint, aktuelle Mischformen und neue dramaturgische Entwicklungen, wie sie bei der Annäherung von Dokumentarfilm und Drama entstehen oder bei Serien mit unzuverlässig erzählenden Protagonistinnen, zunächst als Case Studies zu beleuchten. Dies sollte sich jedoch nicht nur auf Umsetzung, Platzierung und Vermarktung beziehen, so wie es bereits vielfach auf Branchen-Panels mit Regisseurinnen, Produzentinnen, Sendevertretern und Verleihern geschieht. Wertvoll wären auch genaue Analysen des dramaturgischen Aufbaus, der besonderen Erzählweise und der emotionalen Wirkung innovativer Projekte in Zusammenarbeit mit Dramaturginnen und Autoren.[171]

Interessant für die Dramaturgie wäre aber vor allem eine eingehende Beachtung des Stils und seiner zahlreichen Spielarten: Wie lässt sich der Begriff genauer bestimmen und eingrenzen? Welche kulturhistorischen Stile könnten für filmisches Erzählen und in der Stoffentwicklung relevant sein? Welche konkreten Techniken lassen sich daraus ableiten? Welche Wirkung haben sie und was bringen sie jeweils zum Ausdruck? Wie lassen sich Stilmittel mit bestimmten Genre-Traditionen verbinden?

---

171 Ein Forum für derartige Analysen bildet die alle zwei Jahre im Herbst vom Verband für Film- und Fernsehdramaturgie e.V. (VeDRA) veranstaltete Tagung „FilmStoffEntwicklung – Tag der Dramaturgie", die einzige Tagung zu Themen mit Bezug auf aktuelle Fragen zur Stoffentwicklung im deutschsprachigen Raum.

Diese Fragen bedeuten nicht, dass Stoffentwicklung nur vom Rückgriff auf vorhandene Erzählmuster und ästhetische Versatzstücke lebt. Stattdessen könnten diese eine Anregung dafür sein, sich auf bestimmte Ausdrucksformen zu besinnen, um sie dann, wie in SHERLOCK, auf neue, zeitgemäße Art umzusetzen.

Auch wenn sich der Gedanke, Genre und Stil zu kombinieren am Ende nur als eine geistige Brücke erweisen sollte, die einen dramaturgischen Überblick über alte und neue Variationsmöglichkeiten erlaubt: Er könnte Stoffentwickler inspirieren. Er könnte dazu anregen, dem in vielen Fällen realistisch gestalteten Kino- und TV-Markt Arbeiten hinzuzufügen, die die Möglichkeiten von Film als Montage aus räumlichen und zeitlichen, bildhaften und akustischen Elementen stärker nutzen. Vielleicht lassen sich so Charaktere, Handlungsabläufe und Bilder entwickeln, die für die Zuschauerin ein besonderes Erlebnis sind. Für Macher und Entscheiderinnen bedeutet dies allerdings auch, den Mut für Geschichten aufzubringen, die den Zuschauer stärker fordern und seine Assoziations- und Imaginationskraft miteinbeziehen.

3. AKT

Die Dramaturgie der „New School" hat einige entscheidende Weichen für neue Perspektiven, vor allem im Umgang mit Figuren gestellt. Serien, insbesondere die Neuinterpretation und -belebung von horizontal erzählten Formaten für Streaminganbieter, dienen seit mehr als 10 Jahren als Innovationsfeld. Das Entstehen des sogenannten Quality-TVs verläuft zeitgleich mit den hier herausgehobenen dramaturgischen Perspektiven. Dazu gehören eine tiefer ausgeleuchtete Figurenpsychologie, die Ambivalenzen enthält, eine größere Beachtung des Erzählraums inklusive mehr Freiheit im Umgang mit der Zeit sowie ein klarerer Bezug auf bestimmte Genres und Stile. Die in diesem Buch aufgeführten dramaturgischen Aspekte und der aktuelle Serienboom lassen sich demnach als parallele Entwicklungen betrachten. Neue Erzählweisen werden im Quality-TV in sogenannten High-End-Serien bereits in zahlreichen Konsequenzen ausgelotet und ausgereizt.

Zunächst geht es in diesem Kapitel deshalb darum, die Merkmale der aktuellen Seriendramaturgie genauer zu erläutern und mit den hier genannten Aspekten in Bezug zu setzen.

Inwiefern, wie schnell, wie nachhaltig und in welchen Segmenten sich diese neuen Sehgewohnheiten dann auch im Kinofilm und im TV-Movie wiederfinden, muss sich erst noch zeigen. Doch Stoffentwickler, Filmemacherinnen und Zuschauer bleiben nicht unberührt von den Entwicklungen der letzten Jahre. Neue Serien entstehen, einige der festgeschriebenen Sendeplätze und Formate erfahren einen (schleichenden) Relaunch. In der Art, in der Kreative in diesem Umfeld erzählen, zeigen sie ihre Haltung dazu.

„Neue Dramaturgien" endet deshalb mit dem Ausblick in eine Branche, die sich zurzeit im Umbruch befindet. Umso wichtiger ist, dass auch die Dramaturgie und die Filmwissenschaft – Handbücher und Analysen – mit den Veränderungen Schritt halten und sich den aktuellen Herausforderungen stellen. Es gilt, diese auch theoretisch zu reflektieren und deren neue Perspektiven aufzuzeigen. So kann die Dramaturgie zu einem bewussten und entschiedenen Umgang mit zeitgemäßen Strömungen bei Kreativen und Filmemachern beitragen.

DER NEUE BLICK AUF SERIEN

In den USA erscheinen seit einigen Jahren immer neue Berichte, in denen Autorinnen von der Arbeitsweise eines Writers' Rooms zur Entwicklung horizontaler TV-Serien berichten.[172] Dies erzeugt auch in Deutschland bei Stoffentwicklern großen Widerhall. Denn seit den 1990er Jahren ist ein Großteil der Serien aus deutscher Produktion für lineares TV in festen Mustern erstarrt.[173]

Die Methode des Writers' Rooms wird zurzeit vor allem an Hochschulen, in Programmen und Seminaren wie der dffb in Berlin (Serial Eyes), dem Erich Pommer Institut (European TV Drama Series Lab), der Filmförderung Südtirol (BLS-Script Lab: Writers' Room), der Master School Drehbuch (Writers' Room – TV-Serie) und anderen unterrichtet und nachempfunden.[174] Die Auseinandersetzung mit der neuen Seriendramaturgie findet in Deutschland zumeist noch in diesem, auf praktischem Erleben ausgerichteten Rahmen statt. Ein theoretischer Diskurs entsteht zurzeit erst. Derweil sind allerdings zahlreiche kürzere Texte und einige filmwissenschaftliche Aufsatzsammlungen erschienen, die Aufschluss über die Dramaturgie des neuen seriellen Erzählens geben.

---

172 Vgl. Kallas, Christina: Inside the Writers' Room. Conversations with American TV Writers. New York 2014.
Venis, Linda: Inside the Room. Writing Television with the Pros at Ucla Extension Writers' Program. New York 2013.
Meyers, Lawrence: Inside the TV Writer's Room. Practical Advice for Succeeding in Television. New York 2010.

173 Georg Feil schreibt im Jahr 2006 über die deutsche Familienserie: „[...] bisher zeugen die meisten der hier zitierten Familienserien von Unsicherheiten, Angst und Orientierungslosigkeit. Die einen Autoren haben sich daher in die Vergangenheit geflüchtet. [...] Oder sie entwerfen scheinbar zeitlose Gemälde von Herrschaft, in denen Tugenden und Moral zählen – mit Rittern, Fräulein und Schlossherren. Und finden dabei doch keine Erklärung mehr für das, was um sie herum geschieht." Feil, Georg: Fortsetzung folgt. Schreiben für die Serie. Konstanz 2006, S. 75.

174 Dabei wird häufig übersehen, dass in der Stoffentwicklung des Writers' Rooms keine gänzlich neue Methode praktiziert wird. Ein ähnliches Verfahren wird weltweit, so auch in Deutschland seit der Einführung des Privatfernsehens Anfang der 90er Jahre angewandt – bei der Entwicklung täglicher Fiction-Serien wie Daily Soaps und Telenovelas in der sogenannten industriellen TV-Produktion. Allerdings ist dabei die Stellung des kreativen Teams im Gesamtprozess wesentlich schwächer als in einem Writers' Room neueren Formates (zum Beispiel gegenüber der Redaktion). Hinzu kommt, dass sich die Tonalität von Daily-Formaten und dem sogenannten Quality-TV in vielen Punkten stark unterscheidet.

Ausgehend von technischen Neuerungen wie Tablets, Apps oder Streaming beschreibt beispielsweise Oliver Schütte, wie sich das Erzählen verändert und warum dramaturgische Innovationen vor allem vom Format der Serie ausgehen. Schütte beschreibt neben vielen anderen Aspekten die neue Ambivalenz: *„Aber auch was die Figuren betrifft erwartet das anspruchsvolle Publikum ambivalente und dadurch interessantere Lösungen. Der Kabelanbieter HBO war der erste, der diesen Ansatz zum Programm erhob. Tony Soprano war ein mordender, betrügerischer Mafiaboss. Für klassische Fernsehsender undenkbar so eine Figur in den Fokus einer Serie zu stellen. Aber genau dies war es, was die Macher von HBO interessierte."* [175]

Entscheidend dabei ist: Die Charaktere stehen nicht mehr zwingend für Werte wie Wahrheit und Gerechtigkeit, sondern wechseln aufgrund ihrer Ambivalenz für einen mehr oder weniger langen Zeitraum die Seiten. In abgeschwächter Form ist dies seit jeher ein Kennzeichen von Serien mit horizontalen Handlungssträngen, allen voran Dailys wie GUTE ZEITEN, SCHLECHTE ZEITEN, aber auch einiger wöchentlich ausgestrahlter Formate mit Soap-Charakter wie der LINDENSTRASSE, genauso älterer Familienserien wie DIESE DROMBUSCHS. Grund dafür ist eine der horizontalen Erzählzeit angepasste Dramaturgie. Serienexperte Gunther Eschke erläutert: *„Die Erzählstrecke dieser Serien ist so lang, dass ein Wandel der Charaktere notwendig ist und auch bewusst geführt wird, um einen dynamischen Fortgang der Erzählung zu ermöglichen."* [176] Doch während herkömmliche Ensembles zumeist ein ausgewogenes Verhältnis von eher positiv und negativ dargestellten Figuren aufweisen, die aufgrund ihrer langen Seriengeschichte in ihren Tendenzen zur jeweils anderen Seite verstehbar sind, gehen die neuen Formate einen Schritt weiter. Einige ihrer Figuren sind so abgründig, dass eine moralische Bewertung schwer fällt. Nach Oliver Schütte bedeutet dies für die Zuschauer: *„[...] eine Herausforderung, denn sie müssen sich*

---

175 Schütte, Oliver: Fernsehen ist tot, Kap. Fernsehen war gestern, Das Zeitalter der Serien – The Times They Are A-Changin', 3. Ambivalente Figuren.
176 Eschke, Gunther und Bohne, Rudolf: Bleiben Sie dranl, S. 48f.

aktiv mit den Protagonisten auseinandersetzen. Sie werden gezwungen, sich moralisch zu positionieren. Kann ich damit leben, dass Francis Underwood in House of Cards enge Bezugspersonen kaltblütig umbringt?"[177] Wie bereits ausgeführt, ist es gerade bei solchen Figuren maßgeblich, dem Zuschauer immer wieder Angebote zur Parteinahme zu machen, um eine Gefühlsbindung zu erleichtern.

Die Ambivalenz der Figuren vergrößert insgesamt den Spielraum des Erzählens. Denn dabei können alle Arten von Figuren ins Zentrum der Geschichte treten. Die im herkömmlichen Verständnis eher an einer Fallstruktur ausgerichtete, also vertikal erzählte Krimiserie, ist als horizontale Variante abgerückt vom Blickwinkel positiv besetzter Ermittler. Vor allem die Handlungsstränge aus dem Tätermilieu erhalten eine maßgebliche Bedeutung. Die neue Serie ist oftmals multiperspektivisch: Es geht nicht nur um Ermittler und Täter, sondern auch Zeugen, Angehörige des Opfers und deren Freunde. *„Die komplexe narrative Struktur wird von einer großen Anzahl für die Erzählung relevanter Personen getragen. [...] Das umfangreiche Ensemble und die daraus resultierende Vielzahl möglicher Beziehungen tragen zur Komplexität bei und erfordern ebenfalls eine konzentrierte Rezeption."*[178]

Die Auflösung einer klaren Rollenverteilung kann so weit gehen, dass als zentral eingeführte Figuren nach einiger Zeit ganz aus der Geschichte fallen: In der ersten Staffel der SOPRANOS werden – so schreibt ein Autor unter dem Pseudonym DJ Frederiksson – *„fast die Hälfte der im Vorspann genannten Hauptfiguren ermordet [...]. Plötzlich bekam der Spannungsbogen der Serie ganz neue Möglichkeiten, Mordanschläge auf Hauptfiguren und deren Familie waren plötzlich keine leeren Drohungen mehr. Einem MacGyver, einem Magnum oder dem A-Team wäre das nicht passiert."*[179]

---

177 Schütte, Oliver: Fernsehen ist tot, Kap. Fernsehen war gestern, Das Zeitalter der Serien – The Times They Are A-Changin', 3. Ambivalente Figuren.
178 Schlütz, Daniela: Quality-TV als Unterhaltungsphänomen. Entwicklung, Charakteristika, Nutzung und Rezeption von Fernsehserien wie The Sopranos, The Wire oder Breaking Bad. Wiesbaden 2016, S. 106.
179 Zitat aus einem seit 2014 im Internet kursierenden, viel beachteten Aufsatz. Der Autor benutzt das Pseudonym DJ Frederikson: Die ausbleibende Revolution. Eine Analyse, was die Qualität der neuen US-Serien eigentlich ausmacht und warum genau diese Qualität im deutschen Fernsehen auf unbestimmte Zeit nicht zu sehen sein wird. In: http://d-trick.de/.

Die Figuren bieten der Zuschauerin deshalb nicht mehr in jedem Fall einen aus anderen Formaten gewohnten, sicheren emotionalen Halt. Dafür kann der Erzählraum eine Aufwertung erfahren. Beispielsweise geht es in THE WIRE in allen Handlungssträngen und Staffeln darum, das Drogenmilieu in der Hafenstadt Baltimore an der US-amerikanischen Ostküste von unterschiedlichen Seiten aus zu beleuchten: Die Serie erzählt zunächst von einer Sonderkommission der Polizei, von der Drogenmafia und ihren Dealern, von Süchtigen und Angehörigen. Die einzelnen Staffeln erweitern zusätzlich die Perspektive. Es geht um Hafenarbeiter und ihre Rolle bei der Anlieferung von Rauschgift; es geht um politische Innovationen wie die Duldung des Konsums in bestimmten Vierteln; es geht um Betäubungsmittel an Schulen und um die Rolle des Journalismus bei der Verbrechensbekämpfung. In jeder Staffel rückt neben dem Umfeld der Ermittler und dem der Mafia ein anderes Milieu der Stadt mit anderen Eigenarten und Regeln in den Vordergrund. Doch steht der ausführlich gestaltete Erzählraum nicht für sich, sondern verweist auf einen größeren Zusammenhang, an den viele Zuschauer anknüpfen können: *„The Wire ist mehr als eine Polizeiserie, sie ist ein Epos über den Niedergang der amerikanischen Großstadt."*[180] Und noch weit darüber hinaus: Denn auf einer universalen Ebene ist die Serie Ausdruck für den hilflosen Kampf des Menschen gegen den Verfall gesellschaftlicher Werte und Systeme.

Die einzelnen Figuren unterstützen diese Erzählabsicht nicht als bloße Funktionsträger, sondern jeweils in einer zeitgemäßen Individualität. Ihre Persönlichkeit und ihr daraus resultierendes individuelles Verhalten sind richtungsweisend dafür, wie sich die Handlung entwickelt. Derart character-driven werden Emotionen deutlich ausgereizt bis hin zu psychischen Krisen und Störungen. Diese sind Ausdruck unlösbarer Dilemmata und darüber hinaus ganz grundsätzlich Ausdruck einer Suche nach Identität innerhalb einer kaum mehr fassbaren, immer stärker zersplitternden Gemeinschaft.

---

180 Eck, Sigrid: Der Slang von Baltimore. Lieblingsserie: The Wire. In: Süddeutsche Zeitung vom 28.07.2010. http://www.sueddeutsche.de/.

Eines der bekanntesten Beispiele dafür ist die Figur der CIA-Analystin Carrie Mathison, die in der Serie HOMELAND mit den weltweiten Folgen des Afghanistankrieges und ihrer eigenen Zerrissenheit in Form einer bipolaren Störung ringt. Demgemäß gibt es in vielen aktuellen Serien keine Katharsis, keine Auflösung, die den Zuschauer mit Hoffnung darauf entlässt, sein Leben zu ändern. Stattdessen wird der Mensch in einem immerwährenden, nie endenden Kampf gezeigt, der nur kurze, brüchige Momente des Glücks oder der Erlösung enthält. Dabei werden gesellschaftlich relevante Themen schonungslos erzählt. Bewährte TV-Muster, die für die Zuschauerin in den letzten Jahren vor allem eine eskapistische Funktion hatten, werden aufgebrochen und umdefiniert.[181]

Eine weitere Tendenz sieht Oliver Schütte im Bemühen der Streaminganbieter, einen immer zersplitterteren Markt mit unterschiedlichen Produkten zu bedienen. Ziel ist es, zunächst eine kleine Zielgruppe zu begeistern. Die Fans eines Genres *„erwarten etwas Besonderes in hoher Qualität, etwas, das sie bisher noch nicht gesehen haben. Der Sender muss diese Zuschauer zielgenau ansprechen, damit sie die Serie schauen und anschließend – das ist das Entscheidende – darüber in ihrem Umfeld berichten."*[182] Im Rahmen dieser Ausdifferenzierung verwundert es nicht, wenn im Fernsehen neben fantastischen Adeligen (GAME OF THRONES) auch – wie bereits beschrieben – vermehrt Untote (LES REVENANTS/THE RETURNED) und Zombies (THE WALKING DEAD) auftauchen. Insbesondere Mystery-Serien

---

181 US-amerikanische Pay-TV-Sender sind nicht an die strengen moralischen Richtlinien frei empfangbarer Rundfunkanstalten gebunden. Sie nutzen die Möglichkeit, schonungslosere Sex- und Gewaltszenen zu zeigen (Sexposition) auch ganz gezielt als Marketinginstrument: *„Der lange eingesetzte Werbeslogan ‚It's not TV. It's HBO' bringt es zum Ausdruck: Auf HBO sind all jene Dinge zu sehen – und zu hören –, die im ‚normalen' Fernsehen nicht denkbar sind. [...] Im Sinne von Pierre Bourdieus Distinktionstheorie ist der ‚indecent content' nicht mehr problematisch und anrüchig, stattdessen wird er zum Unterscheidungsmerkmal, zum kulturellen Kapital, das den erwachsenen Serien-Connaisseur vom prüden Mainstream-Spießer abhebt. Verfeinerter Geschmack zeigt sich gerade darin, dass man in der Darstellung von Sex und Gewalt nicht bloß die Befriedigung niederer Triebe sieht, sondern sie als Ausdruck [...] künstlerischer Konsequenz versteht."* Spiegel, Simon: Die Funktion der Sexpositions in Game of Thrones. In: May, Markus; Baumann, Michael; Baumgartner, Robert und Eder, Tobias: Die Welt von „Game of Thrones". Kulturwissenschaftliche Perspektiven auf George R.R. Martins „A Song of Ice and Fire". Bielefeld 2016, S. 369ff.

182 Schütte, Oliver: Fernsehen ist tot, Kap. Fernsehen war gestern, Das Zeitalter der Serien – The Times They Are A-Changin', 4. Genrevielfalt.

sind ein Trend. Dies zeigt, dass es bei Quality-Serien vermehrt auch darum geht, tradierte Erzählmuster zu variieren und ihre Assoziationskraft zu nutzen. Die Zuschauerin wird angeregt, nicht nur den Inhalt von Geschichten wahrzunehmen, sondern sie im Kontext einer bestimmten Erzähltradition zu verstehen. Doch dabei bleibt es nicht, denn auch die Genres selbst öffnen sich für neue Perspektiven. So bedeutet die Ergänzung des Krimi- und Thrillerplots um anders geartete Handlungsstränge auch eine Erweiterung der Tonalität: Täter werden zu Hauptfiguren, ihr Privatleben wird als Drama aufbereitet; der Angehörigen-Strang in KOMMISSARIN LUND – DAS VERBRECHEN *„ist ein tragisches Melodrama, die Stimmung düster und gedrückt"*, die Trauer der Angehörigen *„fördert und fordert die emotionale Einbindung des Zuschauers".*[183] In STROMBERG (inspiriert von der englischen Serie THE OFFICE) wird ein fiktives Filmteam zum Teil der Handlung und verleiht der Serie dokumentarischen Charakter (Mockumentary), andere Serien binden Archivmaterial mit ein, um das zum Teil fiktive Geschehen historisch zu verankern (NARCOS). Damit werden die Grenzen von Genres überschritten oder gebrochen, neue Mischungen und Spielformen entstehen.

Über die Weiterentwicklung von Figuren und Genres hinaus wird bei manchen Serien eine formale Offenheit sichtbar. Filmische Elemente, die die gängige, realistisch anmutende, chronologische Erzählweise ergänzen oder durchbrechen werden zunehmend genutzt. Dazu gehören der Split Screen, die Einblendung von digitalen Inhalten wie SMS, Voiceover, Flashbacks oder Flashforwards, die Darstellung von Träumen und Fantasien, Elemente des unzuverlässigen Erzählens oder die Irritation des Publikums, indem verschiedene „Wahrheiten" durch verschiedene Perspektiven unvermittelt nebeneinandergestellt sind. Dementsprechend erfolgt auch die Informationsvergabe für den Zuschauer oft überraschend. So werden Figuren und Handlungszusammenhänge nicht im Sinne der Verständlichkeit, sondern über mehrere Folgen schrittweise etabliert. In jeder Episode wird

---

183 Gamula, Lea und Mikos, Lothar: Nordic Noir, S. 82f.

ein weiterer Aspekt aus dem Leben eines ambivalenten Charakters sichtbar, mit dem der Zuschauer bislang nicht gerechnet hat. Der Ablauf der Handlung ist insgesamt weniger vorhersehbar. Dabei *„dominieren Auslassungen. So finden ständig Dialoge statt, die für den politischen [...] Laien unverständlich bleiben. Erklärt werden sie nicht oder erst sehr viel später. [...] Die Leerstellen muss der Zuschauer oder die Zuschauerin aushalten – oder sich der intellektuellen Herausforderung stellen und sie selbst auffüllen."*[184] Dabei entsteht durch die Darstellung von Figuren, Erzählraum und -zeit sowie Genre und Stil jeweils eine eigene Mischung, die eine Serie durchgängig prägt.

Die neuen Serien regen die Imaginationskraft des Zuschauers an, der aktiv versucht, sich die Zusammenhänge zu erschließen. Sie arbeiten mit inhaltlichen Leerstellen, die sich zum Teil erst auflösen, wenn er sich langfristig, also für viele Folgen oder Staffeln an die Serie bindet. Quality-Serien vermitteln das Gefühl, sich nicht nur emotional, sondern auch intellektuell zu unterhalten. Dadurch werden die neuen Serien *„der Komplexität und Ambiguität moderner Gesellschaften eher gerecht und wirken so authentischer und realistischer".*[185]

Insofern der Begriff „Genre" als kulturell geprägt und damit wandelbar im Kontext der Sprachpraxis verstanden wird, könnten Quality-Serien selbst als eine Art Metagenre verstanden werden, über das seit 15 Jahren ein intensiver gesellschaftlicher Diskurs geführt wird.[186] Soweit die Theorie – in der Praxis verschwimmen die Grenzen des Begriffes. Denn inzwischen lässt sich nur noch selten Einigkeit darüber erzielen, welche Serie wirklich „Quality" hat und ist.

---

184 Schlütz, Daniela: Quality-TV als Unterhaltungsphänomen, S. 105f.
185 Ebd., S. 105.
186 Vgl. ebd., S. 149ff.

TRENDS DES AKTUELLEN SERIELLEN ERZÄHLENS:

1. Eine multiperspektivische Erzählweise bedingt, dass alle Arten von Figuren ins Zentrum rücken können. Beispiel bei einem Krimi: Täter, Ermittler, Zeugen, Angehörige und Freunde des Opfers.

2. Figuren sind ambivalent und können die Seiten wechseln.

3. Die Emotionen der Figuren werden stark ausgereizt bis hin zu psychischen Schwierigkeiten.

4. Figuren, auch Hauptfiguren, werden ausgetauscht oder sterben innerhalb eines Handlungsbogens.

5. Handlungsstränge werden durch die Charaktere der Figuren vorangetrieben (character-driven).

6. Figuren werden über mehrere Folgen schrittweise etabliert (Technik der Überraschung).

7. Handlungsstränge werden nicht en detail auserzählt (Ellipsen).

8. Handlungsstränge ziehen sich über mehrere Folgen (horizontal).

9. Die Stränge sind eng verknüpft und beeinflussen sich gegenseitig.

10. Spezifische *Genres* wie der Krimi werden mit Drama-Elementen oder -Strängen gemischt.

11. Besondere filmische Elemente ergänzen oder brechen Stil und Chronologie (Split Screen, Einblendungen, Voiceover, Flashback oder Flashforward, Träume und Fantasien).

12. Gesellschaftlich relevante Themen werden schonungslos erzählt: Es geht um Sex und Gewalt, nicht um Eskapismus.

13. Die Inhalte verweisen auf universale Fragestellungen aus den Bereichen Ethik, Menschlichkeit, Umgang mit Schicksal oder Tod. Themen sind beispielsweise der Kampf um den Zusammenhalt einer menschlichen Gemeinschaft oder das Ringen um die eigene Identität.

14. Es gibt oft keine Auflösung in eine bessere oder geheilte Welt. Der Mensch befindet sich in einem immerwährenden Kampf.

Es ist nicht verwunderlich, wenn das sogenannte Quality-TV trotz aller Diskussion nach wie vor nur eine relativ kleine Zielgruppe anspricht, die bestimmte Voraussetzungen erfüllt. Neben dem entsprechenden *„kulturellen Kapital"*[187], das die Zuschauerinnen aufgrund der aufwendigeren Rezeption mitbringen sollten, müssen sie außerdem in der Lage sein, an die nötigen Informationen über neue Serien und ihre Anbieter zu gelangen, sich zum Beispiel ein Netflix-Abonnement leisten können, über einen einen leistungsfähigen Internetzugang verfügen (was in der deutschen Provinz noch längst nicht flächendeckend gegeben ist) und über ausreichend freie Zeit und Energie für das Betrachten ganzer Staffeln verfügen. Laut einer Studie von Daniela Schlütz geht es in Internetforen zu Quality-Serien einerseits um die *„Demonstration von Insider- und Hintergrundwissen und zum anderen um eine offensichtliche Abgrenzung vom Massenmarkt (dem ‚Trash-TV')"*.[188] Sie schließt daraus, dass Quality-TV von der jungen, gebildeten Zielgruppe auch als Mittel zur Distinktion (Selbstbestätigung und -erhöhung) genutzt wird. Dieser Effekt nutzt Streamingdiensten, die ihren Kunden durch ihr zeitgemäßes, niveauvolles Angebot das Gefühl geben, an einer besonderen (Geschäfts-)Beziehung teilzuhaben: *„Die Möglichkeit zur ästhetischen Distinktion qua Fernsehen ist eine Rechtfertigung für die First-Order-Beziehung, die Sender wie HBO zu ihren Abonnentinnen und Abonnenten aufbauen."*[189]

Das Image der neuen Serien ist offensichtlich so gut, dass sie sich trotz der begrenzten Zuschauerzahl vermehren. Die US-amerikanischen Anbieter bringen immer neue Produkte auf den Markt. (2016 waren es allein in den USA 455 „original series". Die Anzahl hat sich seit 2009 mehr als verdoppelt,[190] 2002 waren es erst 182.) Europäische Produktionsfirmen und Sender versuchen mit mehr (Dänemark) oder weniger Erfolg (Deutschland)

---

187 Ebd., S. 129.
188 Ebd., S. 141.
189 Ebd., S. 143.
190 Vgl. Adalian, Josef und Fernandez, Maria Elena: The Business of Too Much TV. In: Vulture vom 18.05.2016 http://www.vulture.com/.

gleichzuziehen. Alte und neue Streaminganbieter – von HBO bis zur Deutschen Telekom – versuchen, Marktanteile zu vergrößern oder zu erobern. Zum einen werden dadurch Inhalte und Tonalität der Serien vielfältiger, sodass sich die ohnehin schon kleine Zielgruppe weiter ausdifferenziert. Für den Zuschauer geht deshalb nach und nach der „Lagerfeuer-Effekt" verloren, den auch eine anspruchsvolle Zielgruppe eint – das Gefühl, als Teil einer herausgehobenen Gruppe an etwas Besonderem teilzuhaben, wie dies bei THE SOPRANOS bis hin zu BREAKING BAD oder HOMELAND noch möglich war.[191] Und für die Streamingdienste wird es wegen der wachsenden Konkurrenz immer schwieriger, größere Imagegewinne zu erzielen. Sie geben immer aufwendigere Produktionen in Auftrag, die mit namhaften Showrunnern, Regisseurinnen und Schauspielern entwickelt und produziert werden.[192]

Doch entgegen aller Ausdifferenzierung scheint in Sachen Innovation auch eine erste Müdigkeit spürbar. Sogenanntes Quality-TV setzt nun oftmals in bereits etablierter Form auf vergleichbare dramaturgische und inhaltliche Wiederholungen. Was zunächst auch in Deutschland für viele eine Befreiung vom Eskapismus des linearen Fernsehens in den 00er Jahren war, bekommt dadurch schon fast wieder stereotype Züge. Dem Zuschauer ist derweil klar, dass alle Figuren psychisch höchst labil sind, dass sie legale oder illegale Substanzen benötigen, um zurechtzukommen. Er wartet darauf, dass irgendwann eine sehr dunkle Seite ihres Charakters enthüllt wird; er lässt sich darauf ein, dass ihm nicht nur Krimis geboten werden (wie im ZDF), sondern auch Subgenres wie Gangstergeschichten, allen voran Mystery, dass Krimis und Zombiefilme melodramatische Elemente enthalten, dass am Ende niemand die Welt rettet und es immer noch einen Twist

---

191 „Nicht der Konsumakt allein dient der Distinktion, sondern insbesondere das Reden darüber." Schlütz, Daniela: Quality-TV als Unterhaltungsphänomen, S. 141.

192 Es ist keine dramaturgische, aber durchaus eine interessante Frage, ab wann das gesteigerte Budget, das für eigenproduzierte Serien von US-Streamingdiensten aufgebracht wird, angesichts gleichgewichtiger Konkurrenzprodukte von anderen Anbietern nicht mehr rentabel ist. Die erste Staffel der 2016 startenden Netflix-Produktion THE GET DOWN über das New York der 70er Jahre hat immerhin 120 Millionen Dollar gekostet. Wie viel finanziellen Gewinn kann Netflix direkt oder indirekt daraus ziehen? Vgl. Wolff, Fabian: Fernsehen in Flammen. Netflix-Serie „The Get Down". In: Spiegel Online vom 20.08.2016 http://www.spiegel.de/.

gibt.[193] *„There's nothing wrong with any of these elements in and of themselves, but when you see them repeated in different guises over the course of almost 20 years, they loose their luster."*[194] So schreibt Matt Zoller Seitz auf der US-Kulturseite Vulture über die Verwendung der derweil nicht mehr ganz so neuen dramaturgischen Entwicklungen im Quality-TV. Und während man in Deutschland noch nach gangbaren Erzählweisen für erste und zweite Staffeln oder Miniserien sucht und es erst mehr oder weniger gelingt, Figuren mit einer dem Format angemessenen Psychologie zu entwickeln, geraten die Pay-TV-Anbieter in den USA bereits unter Druck.

Die ursprünglich kreative Bewegung zur Imagestärkung von HBO ist zu einem finanzstarken Geschäft von globaler Relevanz geworden. Das hat auch Auswirkungen auf das Erzählen. 2015 verkündete Netflix nach einer internationalen Zuschaueranalyse mit dem Titel *„Do You Know When You Were Hooked? Netflix Does"*, dass 70 Prozent der Zuschauer bei hauseigenen Serienklassikern wie BREAKING BAD und HOUSE OF CARDS erst nach den Folgen 2 bis 8 zu wirklichen Anhängern wurden.[195] Eine solch langsame Annäherung ist vor allem der komplexen Dramaturgie geschuldet. Angesichts einer Vielzahl neuer Produkte, zwischen denen sich der Zuschauer inzwischen entscheiden muss, ist nur schwer vorstellbar, dass die Anbieter weiterhin auf Serien setzen, die eine so zeitaufwendige Anlaufphase erfordern. Es wäre erstaunlich, wenn sich nicht zunehmend wieder traditionellere Erzählweisen durchsetzen, die einen starken Hook in Folge 1 und großen Wiedererkennungswert mit bekannten Versatzstücken aufweisen. Ian Leslie konstatiert in der Financial Times: *„The stakes are rising and, amid fierce competition for the attention of critics and viewers, the market for*

---

193 Mit der Stereotypenbildung in neuen Serien beschäftigen wir uns an der Master School Drehbuch schon seit einiger Zeit. Vgl. Die Lustige Postkarte der Master School Drehbuch aus dem Jahr 2015: „Wie schreibe ich eine Kultserie?" Zu bestellen unter: http://www.masterschool.de/.

194 Seitz, Matt Zoller: TV's Serial Drama Slump. In: Vulture vom 08.10.2016. http://www.vulture.com/.

195 Netflix Media Center: Do You Know When You Were Hooked? Netflix Does, Netflix Unveils When Fandom Begins For Some of Today's Most Popular Series. Vom 23.09.2015 https://media.netflix.com/.

more subtle ideas may be shrinking. [...] The search is on for a storytelling format that minimises risk"[196]

Daraus ergibt sich die Frage, wie viel Spielraum die Anbieter bei der Entwicklung von Originalserien den unverwechselbaren Inhalten und unverwechselbaren Erzählweisen noch einräumen können und werden – oder sogar weiterhin einräumen müssen, um die Aufmerksamkeit von Medien und Publikum zu erlangen. Neben zahlreichen risikoarmen Produkten bleibt vielleicht gerade deshalb die Innovation ein Teil des Markenkerns einiger Streamingdienste. Gesetzt ist derweil außerdem, dass Quality-Serien, angelehnt an gesellschaftliche Veränderungen, neue Sehgewohnheiten, Sehbedürfnisse und Sehsüchte im Bewusstsein vieler Zuschauer, aber auch vieler Filmemacher angestoßen haben.

---

196 Leslie, Ian: Watch it while it lasts: our golden age of television. In: Financial Times vom 13.04.2017. https://www.ft.com/.

AUSBLICK

Ausgewählte internationale Serien werden im deutschen Fernsehen ausgestrahlt, deutsche Sender geben Miniserien in Auftrag, die dem neuen Erzählen ein Stück weit entsprechen und Streaminganbieter entwickeln erste Formate speziell für den deutschen Markt. In Deutschland sind derzeit viele Kreative und Verantwortliche damit beschäftigt, die zeitgemäßen Serienstandards zu verstehen und umzusetzen. Zum Teil müssen Stoffentwickler gleichzeitig den widersinnigen Anspruch erfüllen, Produkte zu entwickeln, die qua definitionem auf eine kleine Zielgruppe ausgerichtet sind, aber im Free-TV ausreichende Quoten erzielen sollen. Sie müssen Quality-Serien massentauglich machen. Wie viele Versuche der letzten Jahre von Blochin über Die Stadt und die Macht zeigen, gelingt dies nicht immer zufriedenstellend.

Gleichzeitig haben sich bereits Standards im Format Quality-Serie etabliert, die die Innovationskraft wieder beschränken. Dabei ist es nicht per se eine Folge der dramaturgischen Entwicklung, dass Stereotype im Kontext mit neuen Serien entstehen. Denn neue Dramaturgien bedeuten nicht die Verengung, sondern eine Vertiefung, Erweiterung und Ergänzung der Einheitsdramaturgie. Es scheint vielmehr so, dass bestimmte neue Überlegungen zunächst eine befreiende Wirkung entfaltet haben und dazu inspirieren in eine bestimmte Richtung zu denken. Wenn nach langen Jahren, in denen Figuren im Fernsehen durch positive Charaktereigenschaften die Empathiebildung erleichtern sollten, die Möglichkeit, ambivalente Figur zu erzählen, in den Vordergrund der dramaturgischen Entwicklung rückt und als Extrem gedacht wird, liegt es beispielsweise nahe, Charaktere in einem Kontrast zwischen öffentlicher Rolle und psychischen Abgründen auszureizen – der Chemielehrer, der heimlich Chrystal Meth kocht (Breaking Bad), der in der Öffentlichkeit strahlende Politiker, der insgeheim Kontrahenten aus dem Weg räumt (House of Cards), die CIA-Analystin, die Terroranschläge verhindern muss und ihre bipolare Störung verheimlicht (Homeland).

Doch dieser Kontrast muss nicht in Zukunft alle Serien bestimmen. Vielleicht besitzt die neue Serienindustrie, insbesondere in den USA und den skandinavischen Ländern genug Kraft für eine anhaltende Erneuerung. Vielleicht finden auch deutsche Produktionen, insbesondere für Pay-TV nach und nach den Anschluss an die dramaturgischen Vorgaben der Quality-Serien. Es ist zurzeit noch offen, welche Art von Serienkonsum sich mit welchen Erzählweisen auf Dauer durchsetzen wird.[197]

Zukunftsweisend könnte vielmehr die Strahlkraft bestimmter dramaturgischer Elemente sein. Die neuen Dramaturgien prägen zunehmend die Wahrnehmung und das Verständnis des Erzählens insgesamt, denn es handelt sich dabei nicht um eine isolierte Erscheinung. Sie verläuft – wie bereits ausgeführt – im Kontext und ist Ausdruck gesellschaftlicher Entwicklungen, die insbesondere in der Entwurzelung und Hilflosigkeit des Individuums angesichts überkomplexer und undurchschaubarer Zusammenhänge gründen: Die Frage nach der eigenen Identität, die nicht mehr durch einen gemeinsamen gesellschaftlichen Konsens gebildet wird, führt zu einem ewigen Ringen und lässt sich zeitlebens nicht abschließend beantworten. „Wer bin ich?" und „Wer könnte ich sein?" sind zentrale, gegebenenfalls aber auch angstbesetzte Fragen der heutigen Gesellschaft.

Die spürbare Sehnsucht nach Neuem könnte auf diesen drängenden Fragen basieren. Es könnte eine längere Entwicklung angestoßen worden sein, die schleichend stattfindet, letztlich aber nachhaltig ist. Einige wenige Filme, die mit frischen Erzählweisen überraschen, haben in den letzten Jahren zahlreiche Preise gewonnen. Sie wurden sowohl von der Kritik, als auch vom Zuschauer honoriert. Obwohl sie keiner Richtung zuzuordnen sind, ist mit unterschiedlicher Gewichtung erkennbar: Sinnzusammenhänge werden nur angedeutet; Figuren sind ambivalent und extrem; mehrere

---

197 Oliver Schütte bemerkt dazu: *„Die öffentlich-rechtlichen Sender in Deutschland erklären schon seit einigen Jahren, dass sie nun auch anspruchsvolle Serien machen wollen. Dabei steht ihnen aber immer noch der Anspruch im Weg, Fernsehen für ein breites Publikum produzieren zu wollen. Und dies führt dazu, dass sie die Kontrolle nicht den innovationsbereiten Künstlern überlassen, sondern im Haus behalten."* Schütte, Oliver: Fernsehen ist tot, Kap. Fernsehen war gestern, Deutsches Fernsehen und Streaming im Jahr 2020.

Perspektiven sind möglich; die Welt der Geschichte ist durch stilistische Freiheit geprägt und besonders.

Der episodisch aufgebaute Film VOR DER MORGENRÖTE über das Leben Stefan Zweigs im Exil scheut sich nicht, den Zuschauer mit inhaltlichen Leerstellen zu konfrontieren – so wird zum Beispiel die Frage nach Zweigs Liebesverhältnissen lange nicht beantwortet: Neben seiner Ehefrau Friderike taucht Lotte auf und die beiden Frauen begegnen einander freundlich.

Das große mediale Echo, das TONI ERDMANN erzeugt, liegt in Teilen daran, dass die Charaktere der zentralen Figuren mit ihren Eigenarten ausgereizt werden und den Plot bestimmen. Maren Ade über Toni: *„Für mich war die Verwandlung des Vaters in diesen Toni Erdmann auch [...] eine Tür, durch die ich beim Schreiben gehen konnte. Es konnten unwahrscheinlichere Dinge passieren, ich konnte größere Behauptungen aufstellen."* [198]

Auch im filmdramaturgischen Diskurs findet die Aufbruchstimmung erste Entsprechungen. Der Dramaturg Roland Zag fordert im Kontext der neuen Serien eine Öffnung der Dramaturgie: *„Die Zeiten der singulären Helden sind vorbei. [...] Die Frage, die uns heute beschäftigen müsste, lautet: Wie erzählt man Kollektive? Wo ist die Drehbuchlehre, die das Wirken großer Strukturen und Systeme beschreibt?"* [199] Er erkennt eine neue Systemische Dramaturgie, in der die Einzelfigur zurücktritt gegenüber *„überpersönlichen Gebilden"*, die viele Antagonismen beinhalten, kein Gut-Böse-Schema mehr erkennen lassen und keine geschlossenen Lösungen bereithalten.

---

198 Peitz, Christiane und Busche, Andreas: „Bin ich hier, weil ich Brüste habe oder ein gutes Projekt?" Die Regisseurinnen Anne Zohra Berrached, Maren Ade und Nicolette Krebitz sind für den Filmpreis nominiert. Ein Fachgespräch über das Filmen in Deutschland. In: Der Tagesspiegel vom 28.04.2017. http://www.tagesspiegel.de.
Allerdings gibt es seit jeher Filme mit besonderen Inhalten und Erzählweisen – in den letzten Jahren lässt sich ein weiter Bogen spannen von Christian Petzold (PHOENIX: gut 90.000 Zuschauer) bis Axel Ranisch (ALKI ALKI knapp 4.000 Zuschauer). Doch bleiben diese Filme in der öffentlichen Wahrnehmung Nischenprodukte, die vielleicht einige gute Kritiken erhalten, aber nur selten eine größere Begeisterung beim Publikum und einen damit verbundenen medialen Diskurs auslösen.

199 Zag, Roland: Heldenreise am Ende. Über die Krise eines filmischen Paradigmas und mögliche Konsequenzen. In: Verband für Film- und Fernsehdramaturgie: Wendepunkt N° 34, Februar 2016, S. 3f. http://www.dramaturgenverband.org/.

„Die geradlinigen erzählerischen Prozesse verschwinden in einer Folge von kleinteiligen, unvorhersehbaren Aktionen." [200] Nach Zag steht diese Systemische Dramaturgie dem herkömmlichen Erzählen diametral gegenüber. Doch lassen sich die Übergänge zwischen den unterschiedlichen Richtungen auch als fließend betrachten. Zudem können neben dem Ensemble auch andere Aspekte in die Veränderungen einfließen.

Unabhängig davon richtet sich Zags Anspruch vor allem an Filmemacher und Entscheiderinnen in Deutschland, die im Sinne der Einheitsdramaturgie und daraus abgeleitet in klaren Kategorien einer vermeintlich filmischen Qualität denken. Denn bei maßgeblichen Formaten wie dem TV-Krimi, dem TV-Movie sowie im deutschen Mainstream-Kino und bei realistisch erzählten Dramen im Kino lässt sich seit vielen Jahren eine ungebrochene Neigung zur redundanten Verwendung dramaturgischer Grundprinzipien aus der „Old School" erkennen. Die hier ausführlich besprochenen Öffnungen, Ergänzungen und Erweiterungen, sogar die durch die „New School" eingeleitete Psychologisierung scheinen bei zahlreichen Projekten noch nicht einmal ansatzweise eine Rolle zu spielen!

Bemerkenswert ist in diesem Zusammenhang auch, dass sich einige Drehbuchberater so zum Beispiel Keith Cunningham (stets mit Bezug auf den Soziologen Joseph Campbell) in letzter Zeit wieder verstärkt mit dem Einheitsmodell befassen: *„Sowohl im alten Griechenland, als auch in Indien waren die Riten zur Dämonenaustreibung wohl der Ausgangspunkt für die Entstehung des Dramas. Im Zuge dessen wurden auch mythische Motive in das Material mitaufgenommen, aus dem dann der ‚klassische' dramatische Ausdruck entstand."* [201] Cunningham belegt das Geschichtenerzählen im Film aus dem Geist von Mythos und Drama mit einer ungewöhnlich

---

200 Zag, Roland: Dramaturgie der Systeme. Systemisches Erzählen (Teil 1): Das neue Erzählen des Kollektiven. In: Verband für Film- und Fernsehdramaturgie: Wendepunkt N° 37, Februar 2017, S. 11. http://www.dramaturgenverband.org/.
201 Cunningham, Keith: Storytelling in Ost und West, S. 98.

ausführlichen und differenzierten Begründung.[202] Doch nicht alle Filme sind in ihrer jeweiligen Vision, Intention und Funktion darauf ausgerichtet, dem Ideal einer ursprünglichen, existentiellen Erzählform zu entsprechen. Möglichkeiten, Absichten und Perspektiven von Filmemachern haben sich in einer veränderten Realität genauso eigenständig weiterentwickelt, wie tradierte Mythen entstanden sind. Aus Cunninghams Analyse spricht viel mehr die auch bei aller Ausdifferenzierung stets bestehende Sehnsucht nach einer erspürbaren Wahrheit hinter den Geschichten, die dem menschlichen Leben Sinn verleiht und die sich, wenn auch viel ungenauer formuliert, auch in der Einheitsdramaturgie der 90er Jahre findet. Geschichten können sich dieser Sehnsucht bedienen – mehr oder weniger –, sie können sie erfüllen, damit spielen, sie ignorieren oder sie enttäuschen. Die Sehnsucht selbst ist vermutlich zutiefst menschlich und grundsätzlich vorhanden – so wird es zumindest in unterschiedlichen anthropologischen Theorien nahegelegt. Doch je nach Weltenlage oder Zeitgeist hoffen die Zuschauer auf entsprechende Geschichten oder sie glauben nicht mehr an sie.

Bei allen drei Aspekten – Figuren, Transmedia, Erzählmuster – geht es im gesellschaftlichen Kontext um die Auflösung festgefügter Weltbilder. Es geht um Ambivalenzen, um ziellose Gleichzeitigkeit und um medial vermittelte Codes. Vielleicht ändert sich im digitalen Zeitalter nichts an einer grundlegenden menschlichen Sehnsucht nach Sinn. Doch worin besteht der Sinn und welchem Film und welcher Aussage kann und will der Zuschauer noch trauen? Dementsprechend erzählen Quality-Serien verstärkt davon, dass alles eine Frage der jeweiligen Perspektive ist, dass sich die Welt nicht

---

202 Cunningham spannt einen historischen, anthropologischen Bogen von Asien nach Europa, aber auch bis in die heutige Zeit. Er untersucht und vergleicht die unterschiedlichsten Erzählungen. Der westlichen Welt diagnostiziert er den Sieg des Rationalismus über das mythologische Weltverständnis. Dies bedingt einen aktuell herrschenden Marktrealismus, bei dem der Mainstream-Film als ein beliebiges Produkt gehandelt wird. Zur Erfolgssteigerung werden nur noch profane Mythen ohne Verständnis für ihren existentiellen und geistigen Hintergrund verwendet. Cunningham plädiert dafür, die Wahrheit im sozialen Kontext zu suchen. Es gilt, auch im Rückblick auf die griechische Tragödie, *„die Gemeinschaft schließlich mithilfe einer Katharsis von ihren unheilvollen Vorstellungen zu befreien, die, hätte man sie gewähren lassen, irgendwann die Gemeinschaft zerstört hätten."* Cunningham, Keith: Storytelling in Ost und West, S. 113.

mehr heilen lässt, dass jeder seine Identität selbst konstituieren muss und dies ein brüchiges Unterfangen ist. Die Hoffnung auf eine Entwicklung zum Guten, ja überhaupt auf eine Entwicklung ist in manchen Geschichten genauso hinfällig wie das Verständnis auf eine offensichtliche Verankerung in der Realität. Warum sollte man sich also nicht gleich und offensiv dem Spiel mit Erzählmustern, mit Genres und Stilen zuwenden?

Vielleicht spaltet sich das Geschichtenerzählen in eine die neuen Entwicklungen bejahende und darstellende Richtung wie bei den aktuellen Serien aufgezeigt. Dann bliebe auf der anderen Seite der Versuch, grundlegende Sehnsüchte mit Blick auf traditionelle Zielgruppen weiterhin konsistent zu beantworten. Doch auch wenn sich das Mainstream-Schiff viel langsamer bewegt als die Avantgarde: Sogar der große Publikumserfolg muss ein Stück weit zeitgemäß gestaltet sein. Noch mehr als bisher werden die unterschiedlichen Antworten, die unsere Geschichten auf eine neue Zeit geben, nicht mehr einheitlich zu fassen sein.

Unabhängig von all diesen theoretischen Überlegungen – für Stoffentwickler, Dramaturginnen und Drehbuchberater bedeutet dies in der Praxis: Filmgeschichten sind zu Beginn des Entwicklungsprozesses oft die Verschriftlichung einer noch nicht vollständig geordneten Fantasie. Es gilt noch stärker als bisher, nach der speziellen Vision zu suchen, die hinter dieser Vorstellung steckt: Welche Ideen haben die Kreativen und Verantwortlichen von einem Film und von dessen Vermarktung? Wie wollen sie mit dem Zuschauer in Kommunikation treten? Welche künstlerischen und stilistischen Elemente spielen eine Rolle? Welches Bild haben sie von der Zeit, in der sie leben? Geht es um die Sehnsucht nach Sinnvermittlung oder um das Widerspiegeln eines aktuellen Lebensgefühls? Geht es um Narrative oder eine Art empfundener Wirklichkeit? Oder um Kombinationen aus den genannten Polen? Von welcher Seite gehen Autorinnen und Autoren an eine Geschichte heran?

Alles in allem ist also nicht mehr ganz so selbstverständlich davon auszugehen, dass Dramaturgie nur in besondern Fällen nicht dem Standard entsprechen darf. Vielleicht hilft es, bei jedem Projekt einmal die Perspektive zu wechseln: Wann sollte das empathische Andocken des Zuschauers an eine Figur erleichtert werden? In welchem Umfang und an welchen Stellen wäre es interessanter, eine Figur nicht auszuerzählen, sondern die narrative Empathie zu fördern? Noch klarer formuliert: Welche Informationen über die Figur sind im Kontext wann unabdingbar, was muss überhaupt benannt werden? Und weiter: Wie lässt sich der Raum der Geschichte dramaturgisch ausschöpfen und was käme zum Ausdruck, wenn die Chronologie in der ein oder anderen Form gebrochen würde? Wie viel Realismus braucht es in welcher Form und welche anderen Stilmöglichkeiten könnten passen? Wie lassen sich die Elemente des Films auch in ungewöhnlicher Kombination zu einer Einheit verbinden?

Natürlich muss sich jedes Projekt in den dafür vorgesehenen Markt einfügen. Doch können mehr oder weniger kleine oder große Ausschläge bei allen Geschichten, die nicht nur das lineare Grundrauschen bedienen sollen, auch eine Befreiung sein. Es wird immer klarer: Den Königsweg des Geschichtenerzählens gab es eigentlich noch nie.

Am Ende zeigt sich aber doch, dass all diese Überlegungen und Ausdifferenzierungen ein gemeinsames Element besitzen. Es geht zentral in allen Kapiteln – Ambivalenz und Empathie, Raum und Zeit, Genre und Stil – darum, die Vorstellungskraft des Zuschauers stärker in die Stoffentwicklung miteinzubeziehen. (Widersprüche und Lücken im Erleben der Figuren, Sprünge durch Raum und Zeit, stilistische Kapriolen und narrative Bezüge). Der Zuschauer überschreibt das, was ihm in Filmen und Serien geboten wird, grundsätzlich mit seiner eigenen Imagination. Ein Teil der Zuschauer scheint sich nach einer stärkeren geistigen und emotionalen Beteiligung zu sehnen. Ein Teil der geplanten Projekte hat den Anspruch, die aktuelle Aufbruchsstimmung aufzunehmen. Vielleicht müssen wir nur die menschliche Fähigkeit ernster nehmen, etwas sinnlich Wahrgenommenes zu eigenen Bildern weiterzuentwickeln. Vielleicht ergibt sich alles Weitere, wenn wir Dramaturginnen stärker auch auf unsere eigene Lust als Zuschauerinnen zielen und uns durch Einzelteile eines Films zu einem Gesamtverständnis anregen lassen. Zuletzt bleibt also nicht mehr und nicht weniger als die Aufforderung zu einer (Rück-)Besinnung auf die Imagination als einem wesentlichen Grundprinzip des Mediums Film.

Nach all diesen Fragen bleibt noch eine: Warum sollten sich Stoffentwickler überhaupt an derart vielen gedanklichen Optionen abarbeiten? In der Branche sind Macherqualitäten gefragt. Tolle Filme entstehen – durch eine außergewöhnliche Idee, Kreativität, filmisches Gespür, handwerkliche Kenntnisse, gelungenes Teamwork, Durchhaltevermögen, ein stabiles Netzwerk, ein stimmiges Package und vor allem Geld.

Wichtig ist zuallererst, dass sich Dramaturginnen in diese Zusammenhänge einordnen und das Wissen darüber transportieren, was es auf der Ebene der Geschichte, also ganz praktisch bedeuten kann, bestimmte Entscheidungen zu treffen. Maßgeblich für gute dramaturgische Arbeit ist zudem die Ebene des Zuschauers und des Marktes. Doch vielleicht hilft es hin und wieder, Dramaturgie darüber hinaus von einer theoretischen Seite aus anzugehen und vorhandene Überlegungen aus anderen Bereichen für das Erzählen von Geschichten nutzbar zu machen. Dabei spielt auch der kulturelle Kontext eine Rolle. Grade in der aktuellen Umbruchsituation wird deutlich, dass „Neue Dramaturgien" immer auch Gesellschaftstheorien sind

Allein deshalb wird die Suche nach einem besseren Verständnis von Filmgeschichten und einem neuen Blick auf Dramaturgie nie zu Ende sein. Nach Umberto Eco gilt: „[...] die **hylics** – oder Verlierer – erkennt man daran, dass sie den Prozess beenden und sagen: ‚ich habe verstanden.'" [203]

---

203 Eco, Umberto: Zwischen Autor und Text. Interpretation und Überinterpretation. München 1996, S. 46.

LITERATURVERZEICHNIS

Abrufdatum aller zitierten Links ist der 09.10.2017.

Adalian, Josef und Fernandez, Maria Elena: The Business of Too Much TV.
In: Vulture vom 18.05.2016
http://www.vulture.com/2016/08/serial-drama-slump-c-v-r.html.

Andexel, Paul und Zlatnik, Krystof: http://www.genrenale.de/ueber/die-vision/.

Aronson, Linda: Screenwriting Updated. New (and Conventional) Ways of Writing for the Screen. Los Angeles 2001.

Bachtin, Michail: Chronotopos. Berlin 2008.

Bachtin, Michail: Formen der Zeit im Roman. Untersuchungen zur historischen Poetik. Kowalski, Edwald und Wegner, Michael (Hg.): Untersuchungen zur Poetik und Theorie des Romans. Berlin und Weimar 1986.

Baranyai, Csongor: Der Transmedia-Storyteller als Krimiautor. In: Story: Now. Handbuch des digitalen Erzählens. München 2016.

Becker, Andreas: Erzählen in einer anderen Dimension. Zeitdehnung und Zeitraffung im Spielfilm. Darmstadt 2012.

Becker, Jens: http://www.jensbecker.info/enneagramm.html.

Benke, Dagmar: Freistil. Dramaturgie für Fortgeschrittene und Experimentierfreudige. Bergisch Gladbach 2002.

Benke, Dagmar und Routh, Christian: Script Development. Im Team zum guten Drehbuch. Konstanz 2006.

Bildhauer, Katharina: Drehbuch reloaded. Erzählen im Kino des 21. Jahrhunderts. Konstanz 2007.

Bordwell, David: Bon Cinéma! (miaou optional) vom 17.08.2012.
In: Thompson, Kristin und Bordwell, David: Observation on film art.
http://www.davidbordwell.net/blog/2012/08/09/bon-cinema-miaou-optional/.

Breithaupt, Fritz: Kulturen der Empathie. Frankfurt/Main 2009.

Bruun Vaage, Margrethe: Empathie. Zur episodischen Struktur der Teilhabe am Spielfilm. In: Schick, Thomas und Ebbrecht, Tobias: Emotion – Empathie – Figur: Spielformen der Filmwahrnehmung. Berlin 2008.

Burghard-Arp, Nora: „Drehbücher werden durchgeskriptet und kaputtgemacht": Dominik Graf über den deutschen Film. In: Meedia, anlässlich einer Veranstaltung des Verbandes für Film- und Fernsehdramaturgie (VeDRA) und des Verbandes Deutscher Drehbuchautoren (VDD) am 28.09.15 auf der Cologne Conference.
http://meedia.de/2015/09/30/wir-koennen-unsere-kinofantasien-im-tv-ausleben-dominik-graf-ueber-erzaehltraditionen-des-deutschen-films/.

Cunningham, Keith: The Soul of Screenwriting. On Writing, Dramatic Truth, and Knowing Yourself. New York 2008.

Cunningham, Keith: Storytelling in Ost und West. Das Erbe von Mythos und Drama. In: Brunow, Jochen (Hg.): Scenario 8. Film- und Drehbuch-Almanach. Berlin 2014.

Daniel, Frank: Einleitung. In: Howard, David und Mabley, Edward: Drehbuchhandwerk. Techniken und Grundlagen. Köln 1998.

DJ Frederiksson: Die ausbleibende Revolution. Eine Analyse, was die Qualität der neuen US-Serien eigentlich ausmacht und warum genau diese Qualität im deutschen Fernsehen auf unbestimmte Zeit nicht zu sehen sein wird. In: http://d-trick.de/wp-content/uploads/die_ausbleibende_revolution.pdf.

Dünne, Jörg: Forschungsüberblick „Raumtheorie", http://www.raumtheorie.lmu.de/Forschungsbericht4.pdf.

Eck, Sigrid: Der Slang von Baltimore. Lieblingsserie: The Wire. In: Süddeutsche Zeitung vom 28.07.2010. http://www.sueddeutsche.de/medien/lieblings-serien-the-wire-der-slang-von-baltimore-1.969732.

Eder, Jens: Die Wege der Gefühle. Ein integratives Modell der Anteilnahme an Filmfiguren. In: Brüttsch, Matthias u.a. (Hg.): Kinogefühle. Emotionalität und Film. Marburg 2005.

Eder, Jens: Transmediale Imagination. In: Hanich, Julian und Wulff, Hans-Jürgen (Hg.): Auslassen, Andeuten, Auffüllen. Der Film und die Imagination des Zuschauers. München 2012.

Eder, Jens: Empathie und existentielle Gefühle im Film. In: Hagener, Malte und Vendrell Ferran, Ingrid (Hg.): Empathie im Film. Perspektiven der Ästhetischen Theorie, Phänomenologie und Analytischen Philosophie. Bielefeld 2017.

Eick, Dennis: Drehbuchtheorien. Eine vergleichende Analyse. Konstanz 2006.

Eick, Dennis: Digitales Erzählen. Die Dramaturgie der Neuen Medien. Konstanz und München 2014.

Eisele, Sabrina: Entgrenzte Figuren des Bösen. Film- und tanzwissenschaftliche Analysen. Bielefeld 2016.

Eschke, Gunther und Bohne, Rudolf: Bleiben Sie dran! Dramaturgie von TV-Serien. Konstanz 2010.

Fahmüller, Eva-Maria: Geniale Psychopathen, labile Kommissare. Figuren mit psychischen Störungen im aktuellen deutschen Krimi. Master School Drehbuch Edition (eBook), Berlin 2015

Feil, Georg: Fortsetzung folgt. Schreiben für die Serie. Konstanz 2006.

Field, Syd: Screenplay. The Foundations of Screenwriting. New York 1979.

Frank, Michael C.: Sphären, Grenzen und Kontaktzonen. Jurij Lotmans räumliche Kulturse-mantik am Beispiel von Rudyard Kiplings ‚Plain Tales from the Hills'. Bielefeld 2012.

Freyermuth, Gundolf S.: Games. Game Design. Game Studies. Eine Einführung. Bielefeld 2015.

Freytag, Gustav: Die Technik des Dramas. Berlin 2003.

Gallen, Maria-Anne und Neidhardt, Hans: Das Enneagramm unserer Beziehungen. Verwicklungen, Wechselwirkungen, Entwicklungen. Reinbek bei Hamburg 2014.

Gamula, Lea und Mikos, Lothar: Nordic Noir. Skandinavische Fernsehserien und ihr internationaler Erfolg. München und Konstanz 2014.

Gelernter, David: Die Zukunft des Internet. Wie wir mit unserem Leben in Verbindung bleiben. In: Frankfurter Allgemeine Zeitung vom 01.03.2010. http://www.faz.net/aktuell/feuilleton/debatten/digitales-denken/die-zukunft-des-internet-wie-wir-mit-unserem-leben-in-verbindung-bleiben-1577906.html?printPagedArticle=true#pageIndex_0.

Georgi, André: Old School – New School. Kleine Bestandsaufnahme der gegenwärtigen amerikanischen Filmdramaturgie. In: Brunow, Jochen (Hg.): Scenario 2. Film- und Drehbuch-Almanach. Berlin 2008.

Georgi, André: Die lange Reise des Helden zu sich selbst. In: Scenario 4. Film- und Drehbuch-Almanach. Berlin 2010.

Gielas, Anna: „Empathie blendet uns". (Interview mit dem Psychologen Paul Bloom) In: Die Zeit vom 17.12.2015 http://www.zeit.de/2015/49/psychologie-empathie-terror-mitgefuehl-interview.

Gläßer, Jana: Was ist „Mystery"? Von der englischen Detective Story zum deutschen Mystery-Trend des Übernatürlichen und Rätselhaften. Technische Universität Chemnitz 2009, S. 28. In: http://www.qucosa.de/fileadmin/data/qucosa/documents/13729/mystery_jana_glaesser.pdf.

Grob, Norbert; Prinzler, Hans Helmut und Rentschler, Eric (Hg.): Stilepochen des Films. Neuer Deutscher Film. Stuttgart 2012.

Gröner, Christoph: Ein unheimlich guter Jahrgang. In: Blickpunkt:Film #26/27 vom 26.06.2017.

Hagener, Malte und Vendrell Ferran, Ingrid: Einleitung: Empathie im Film. In: Hagener, Malte und Vendrell Ferran, Ingrid (Hg.): Empathie im Film. Perspektiven der Ästhetischen Theorie, Phänomenologie und Analytischen Philosophie. Bielefeld 2017.

Haeussler, Christine: (Bachelor Thesis) The German Genre Film. Perceived Obstacles Confronting ‚Neuer Deutscher Genrefilm' and other Stakeholders. Stenden University of Applied Sciences, Leeuwarden 31.07.2015.

Hasler, Ludwig: Die Stunde der Laien. Netzdemokratie. In: Die Zeit vom 21.10.2010 http://www.zeit.de/2010/43/CH-Internet.

Howard, David und Mabley, Edward: Drehbuchhandwerk. Technik und Grundlagen mit Analysen erfolgreicher Filme. Köln 1998.

Hutzler, Laurie: http://www.etbscreenwriting.com/.

Kallas, Christina: Inside the Writers' Room. Conversations with American TV Writers. New York 2014.

Kaufmann, Anette: Der Liebesfilm. Spielregeln eines Filmgenres. Konstanz 2007.

Kilb, Andreas: Der deutsche Kinothriller findet nicht statt. Notizen zum Stand der Dinge. In: Rother, Rainer und Pattis, Julia (Hg.): Die Lust am Genre. Verbrechergeschichten aus Deutschland. Berlin 2011.

Klotz, Volker: Geschlossene und offene Form im Drama. München 1960.

Koch, Marianne: ARD-Hit „Charité". Dr. Marianne Koch erklärt das Erfolgsrezept der Serie. In Bild-Online vom 03.04.2017. http://www.bild.de/unterhaltung/tv/serien/dr-marianne-koch-erklaert-das-erfolgs-rezept-der-serie-51135032.bild.html.

Lang, Christine: Implizite Dramaturgie in der Fernsehserie BREAKING BAD. In: http://www.kino-glaz.de/archives/35.

Leslie, Ian: Watch it while it lasts: our golden age of television. In: Financial Times vom 13.04.2017 https://www.ft.com/content/68309b3a-1f02-11e7-a454-ab04428977f9?utm_content=bufferc9837&utm_medium=social&utm_source=facebook.com&utm_campaign=buffer.

Lessing, G.E.: Hamburgische Dramaturgie, Stuttgart 1999.

Lippmann, Walter: Public Opinion. USA 2008.

Lokshin, Pavel: Im digitalen Mahlstrom. Douglas Rushkoff: „Present Shock". In: Die Zeit vom 15.04.2014 http://www.zeit.de/digital/internet/2014-04/rushkoff-present-schock.

Lotman, Jurij: Die Struktur literarischer Texte. München 1972.

Maak, Michael: Comedy. 1000 Wege zum guten Gag. Berlin 2007.

Marczinski, Ina: Dramaturgie im animierten Kurzfilm. Grundlagen der erzählerischen Minimalstruktur. Saarbrücken 2008.

McKee, Robert: Story. Die Prinzipien des Drehbuchschreibens. Berlin 1997 und überarbeitete 11. Auflage 2016.

McKee, Robert: http://mckeestory.com/seminars/genre/.

Meyer, Sylke Rene: Rechts, Links, Oben, Unten I und II. Grenzüberschreitung und raum-orientierte Stoffentwicklung für Non-linear Storytelling. In: http://filmschreiben.de/rechts-links-oben-unten-i/ und http://filmschreiben.de/rechts-links-oben-unten-ii/.

Meyers, Lawrence: Inside the TV Writer's Room. Practical Advice for Succeeding in Television. New York 2010.

Michal, Wolfgang: ‚Unsere Mütter, unsere Väter'. Wunschtraumata der Kinder. In: Frankfurter Allgemeine Zeitung vom 22.03.2013 http://www.faz.net/aktuell/feuilleton/medien/unsere-muetter-unsere-vaeter/unsere-muetter-unsere-vaeter-wunschtraumata-der-kinder-12123324.html.

Mohring, Jürgen: Hollywood erzählt Mythen I. Das Geheimnis erfolgreicher Liebesgeschichten. Hamburg 2017.

Ott, Dorothee: Shall we Dance and Sing? Zeitgenössische Musical- und Tanzfilme. Konstanz 2008.

Parker, Phil: Die kreative Matrix. Kunst und Handwerk des Drehbuchschreibens. Konstanz 2005.

Peitz, Christiane und Busche, Andreas: „Bin ich hier, weil ich Brüste habe oder ein gutes Projekt?" Die Regisseurinnen Anne Zohra Berrached, Maren Ade und Nicolette Krebitz sind für den Filmpreis nominiert. Ein Fachgespräch über das Filmen in Deutschland. In: Der Tagesspiegel vom 28.04.2017 http://www.tagesspiegel.de/kultur/deutscher-filmpreis-bin-ich-hier-weil-ich-brueste-habe-oder-ein-gutes-projekt/19722452.html.

Preuß, Frank: Warum Matthias Schweighöfers Serie bei Amazon zu brav ist. In: Berliner Morgenpost vom 17.03.2017 http://www.morgenpost.de/kultur/tv/article209961385/Warum-Matthias-Schweighoefers-Serie-bei-Amazon-zu-brav-ist.html.

Riehl, Katharina: Sherlock Holmes ans iPhone bitte. In: Süddeutsche Zeitung vom 01.08.2011. http://www.sueddeutsche.de/medien/miniserie-in-der-ard-sherlock-holmes-ans-iphone-bitte-1.1128659.

Rushkoff, Douglas: Present Shock. Wenn alles jetzt passiert. Freiburg 2014.

Scheinpflug, Peter: Genre-Theorie. Eine Einführung. Münster 2014.

Schirrmacher, Frank: Payback. Warum wir im Informationszeitalter gezwungen sind zu tun, was wir nicht tun wollen, und wie wir die Kontrolle über unser Denken zurückgewinnen. München 2009.

Schlütz, Daniela: Quality-TV als Unterhaltungsphänomen. Entwicklung, Charakteristika, Nutzung und Rezeption von Fernsehserien wie The Sopranos, The Wire oder Breaking Bad. Wiesbaden 2016.

Schütte, Oliver: Die Kunst des Drehbuchlesens. Bergisch-Gladbach 1999.

Schütte, Oliver: Fernsehen ist tot. Es lebe das Geschichtenerzählen. Ausblick auf Film und Fernsehen im Jahr 2020. Berlin 2016.

Schulz von Thun, Friedemann: http://www.schulz-von-thun.de/.

Seger, Linda: Von der Figur zum Charakter. Überzeugende Filmcharaktere erschaffen. Berlin 1999.

Seger, Linda: Das Geheimnis guter Drehbücher. Berlin 1999.

Seitz, Matt Zoller: TV's Serial Drama Slump. In: Vulture vom 08.10.2016 http://www.vulture.com/2016/08/serial-drama-slump-c-v-r.html.

Snyder, Blake: Save the Cat! The Last Book on Screenwriting You'll Ever Need. Studio City (Los Angeles) 2005.

Spiegel, Simon: Die Funktion der Sexpositions in Game of Thrones. In: May, Markus; Baumann, Michael; Baumgartner, Robert und Eder, Tobias: Die Welt von „Game of Thrones". Kulturwissenschaftliche Perspektiven auf George R.R. Martins „A Song of Ice and Fire", Bielefeld 2016.

Stutterheim, Kerstin und Kaiser, Silke: Handbuch der Filmdramaturgie. Das Bauchgefühl und seine Ursachen. Babelsberger Schriften zur Mediendramaturgie und -Ästhetik 1. Frankfurt/Main 2011.

Thau, Martin: Der große Genre-Führer. Amazon Kindle Edition https://www.amazon.de/gro%C3%9Fe-Genre-F%C3%BChrer-Merkmale-bekannten-Fernsehgenres-ebook/dp/B00K-DJNP4Q/ref=asap_bc?ie=UTF8.

Truby, John: The Anatomy of Story. 22 Steps to Becoming a Master Storyteller. New York 2008.

Truby, John in einem Seminar im Oktober 2015 in Berlin. Vgl.: http://truby.com/blockbuster-2/.

Venis, Linda: Inside the Room. Writing Television with the Pros at Ucla Extension Writers' Program. New York 2013.

Völcker, Beate: Kinderfilm. Stoff- und Projektentwicklung. Konstanz 2005.

Vogler, Christopher: Die Odyssee des Drehbuchschreibers. Über die mythologischen Grundmuster des amerikanischen Erfolgskinos. Frankfurt/Main 1999.

Vogler, Christopher: Vorwort. In: Hiltunen, Ari: Aristoteles in Hollywood. Das neue Standardwerk der Dramaturgie. Bergisch Gladbach 2001.

Voss, Dietmar: Metamorphosen des Imaginären – nachmoderne Blicke auf Ästhetik, Poesie und Gesellschaft. In: Huyssen, Andreas und Scherpe, Klaus R. (Hg.): Postmoderne. Zeichen eines kulturellen Wandels. Reinbek bei Hamburg 1986.

Wachholz, Mark: Höllentrips aus der Postmoderne. Eine Bestimmung des Genres Dark Drama, http://genrefilm.net/wp-content/uploads/MarkWachholz_HoellentripsAusDer-Postmoderne_DarkDrama_20140105.pdf.

Wagner, Marietheres: Prinzip Hollywood. Wie Dramaturgie unser Denken bestimmt. Zürich 2014.

Wagner, Marietheres: Dramaturgie im Raum. Arena, Tempo und Wege. Ein Analysemodell zur Filmdramaturgie. Zürich 2015.

Waldkirch, Nina: Der Trend zum Mystery-Genre in neuen Romanen und Filmadaptionen. Dan Brown, Arturo Pérez-Reverte und Wolfgang Hohlbein. Marburg 2007.

Watt, Alan: The 90-Day Screenplay: from concept to polish. Los Angeles 2014.

Weber, Matthias und Schmitz, Stefan: Weltkriegsfilm „Unsere Mütter, unsere Väter“. Das gespaltene Urteil der Historiker. In: Stern vom 23.03.2013 http://www.stern.de/kultur/tv/weltkriegsfilm--unsere-muetter--unsere-vaeter--das-gespaltene-urteil-der-historiker-3100804.html.

Vu, Huan: http://genrefilm.net/genrefilm/.

Wenzel, Uwe Justus: Gefangen in einer Scheingegenwart. „Present Shock“ – Douglas Rushkoffs Zeitdiagnose. In: Neue Züricher Zeitung vom 26.08.2014. https://www.nzz.ch/feuilleton/buecher/gefangen-in-einer-scheingegenwart-1.18370020.

Wolff, Fabian: Fernsehen in Flammen. Netflix-Serie „The Get Down“. In: Spiegel Online vom 20.08.2016 http://www.spiegel.de/kultur/tv/netflix-serie-the-get-down-fernsehen-in-flammen-a-1108511.html.

Wulff, Hans J.: Das empathische Feld. In: http://www.derwulff.de/files/2-109.pdf.

Wyngaarden, Egbert van: Neun Impulse für die Medien von morgen. In: Schaefer, Klaus (Hg.): Story Now. Ein Handbuch für digitales Erzählen. München 2016.

Zag, Roland: Der Publikumsvertrag. Emotionales Drehbuchschreiben mit ‚the human factor‘. München 2005.

Zag, Roland: Heldenreise am Ende. Über die Krise eines filmischen Paradigmas und mögliche Konsequenzen. In: Wendepunkt Nr. 34, Februar 2016 http://www.dramaturgenverband.org/sites/default/files/news/wendepunkt/wendepunkt-nl34-2016.pdf.

Zag, Roland: Dramaturgie der Systeme. Systemisches Erzählen (Teil 1): Das neue Erzählen des Kollektiven. In: Verband für Film- und Fernsehdramaturgie: Wendepunkt Nr. 37, Februar 2017. http://www.dramaturgenverband.org/sites/default/files/news/wendepunkt/vedranl37.pdf.

FILMVERZEICHNIS

4 BLOCKS – TV-Serie, 6 Episoden, DB: Hanno Hackfort, Bob Konrad, Richard Kropf, Marvin Kren, R: Marvin Kren, D, TNT, 2017

7 ZWERGE – MÄNNER ALLEIN IM WALD – Kinofilm, DB: Bernd Eilert, Sven Unterwaldt, Otto Waalkes, R: Sven Unterwaldt, D 2004

12 YEARS A SLAVE – Kinofilm, DB: John Ridley, R: Steve McQueen, GB/USA 2013

14 – DIE TAGEBÜCHER DES ERSTEN WELTKRIEGS – TV-Serie, 8 Episoden, DB: Jan Peter, Yuriy Winterberg; R: Jan Peter, D/F/CDN, arte und internationale Partner, vorauss. 2018

18 – CLASH OF FUTURES / KRIEG DER TRÄUME – TV-Serie, 8 Episoden, DB: Jan Peter, Frédéric Goupil, Camilla Ahlgren, Jean-Louis Schlesser, R: Jan Peter, Frédéric Goupil, D/F/LUX/VIE, arte und internationale Partner, vorauss. 2018

24 WOCHEN – Kinofilm, DB: Carl Gerber, Anne Zohra Berrached, R: Anne Zohra Berrached, D 2016

A BEAUTIFUL MIND – Kinofilm, DB: Akiva Goldsman, R: Ron Howard, USA 2001

AKTE X – TV-Serie, Idee: Chris Carter, 208+ Episoden, USA/CDN; 1993–2002, FOX, seit 2016

ALKI ALKI – Kinofilm, DB: Axel Ranisch, Heiko Pinkowski, Peter Trabner, R: Axel Ranisch, D 2015

ALMANYA – WILLKOMMEN IN DEUTSCHLAND – Kinofilm, DB + R: Yasemin Samdereli, D 2011

ATEMPAUSE – Fernsehfilm, DB: Christian Schnalke, Joyce Jacobs, Sven Halfar, R: Aelrun Goette, D, MDR/ WR, 2017

AUF EINMAL – Kinofilm, DB + R: Asli Ösge; D/F/NL 2016

BABYLON BERLIN – Fernsehserie, 16 Episoden, DB + R: Tom Tykwer, Achim von Borries, Hendrik Handloegten, D, Sky, 2017

BIBI & TINA – Kinder-Kinofilmreihe (Bibi und Tina, Bibi und Tina – Voll verhext, Bibi und Tina – Mädchen gegen Jungen, Bibi und Tina - Tohuwabohu Total), D 2014–2017

BLACK SWAN – Kinofilm, DB: Andres Heinz, Mark Heyman, R: Darren Aronofsky, USA 2010

BLOCHIN – DIE LEBENDEN UND DIE TOTEN – TV-Serie, 5 Episoden, Idee: Matthias Glasner, D, ZDF, 2015

BREAKING BAD – TV-Serie, 62 Episoden, Idee: Vince Gilligan, USA, AMC/AXN, 2008–2013

BULLYPARADE – DER FILM – Kinofilm, DB: Michael Herbig, Rick Kavanian, Christian Tramitz, Alfons Biedermann, R: Michael Herbig, D 2017

CHARITÉ – TV-Serie, 6 Episoden, DB: Dorothee Schön, Sabine Thor-Wiedemann, R: Sönke Wortmann, D, ARD, 2017

COLONIA DIGNIDAD – Kinofilm, DB: Torsten Wenzel, Florian Gallenberger, R: Florian Gallenberger, D/LUX/F 2015

DARK – TV-Serie, 10 Episoden, DB: Jantje Friese, R: Baran bo Odar, D, Netflix, 2017

DAS SCHWEIGEN DER LÄMMER – Kinofilm, DB: Ted Tally, R: Jonathan Demme, USA 1991

DAS WEISSE KANINCHEN – TV-Film, DB: Michael Proehl, Holger Karsten Schmidt, R: Florian Schwarz, D, ARD, 2016

DAS WEISSE RAUSCHEN – Kinofilm, DB: Hans Weingartner, Tobias Amann, R: Hans Weingartner, D 2001

DER BUNKER – Kinofilm, DB + R: Nikias Chryssos, D 2015

DER FALL BARSCHEL – TV-Film, DB: Kilian Riedhof, Marco Wiersch, R: Kilian Riedhof, D, ARD, 2016

DER MIT DEM WOLF TANZT – Kinofilm, DB: Michael Blake, R: Kevin Kostner, USA 1990

DER NACHTMAHR – Kinofilm, DB + R: Akiz, D 2016

DER TATORTREINIGER – TV-Serie, 27+ Episoden, Idee: Bjarne Mädel, Arne Feldhusen, D seit 2011

DER UNTERGANG – Kinofilm, DB: Bernd Eichinger, R: Oliver Hirschbiegel, D/I/R/A 2004

DETOUR – Kinofilm, DB + R: Christopher Smith, GB/SA 2016

DEUTSCHLAND 83 – TV-Serie, 8 Episoden, Idee: Anna Winger, D, Sundance TV/Channel 4/ RTL, 2015

DEXTER – TV-Serie, 96 Episoden, Idee: Jeff Lindsay, Lauren Gussis, Timothy Schlattmann, USA, Showtime, 2016–2013

DIE BRÜCKE – TV-Serie, 30+ Episoden, DK/SE, SVT1/DR1/ZDF, seit 2011

DIE FABELHAFTE WELT DER AMÉLIE – Kinofilm, DB: Jean-Pierre Jeunet, Guillaume Laurant, R: Jean-Pierre Jeunet, F 2001

DIE LETZTE SAU – Kinofilm, DB: Aron Lehmann, Stephan Irmscher, R: Aron Lehmann, D 2016

DIE STADT UND DIE MACHT – TV-Serie, 6 Episoden, DB: Annette Simon, Christoph Fromm, Martin Behnke, R: Friedemann Fromm, D 2016

DIE VIERHÄNDIGE – Kinofilm, DB + R: Oliver Kienle, D 2017

DIESE DROMBUSCHS – TV-Serie, 39 Episoden, Idee: Robert Stromberger, D, ZDF, 1983–1994

DREILEBEN – TV-Triologie, DB + R: Christian Petzold, D, ARD, 2011

DRIVE – Kinofilm, DB: Hossein Amini, James Sallis, R: Nicolas Winding Refn, USA 2011

DUNKIRK – Kinofilm, DB + R: Christopher Nolan, GB/USA/F/NL 2017

ER IST WIEDER DA – Kinofilm, DB: Mizzi Meyer, David Wnendt, R: David Wnendt, D 2015

FACK JU GÖHTE – Kinofilm, DB + R: Bora Dagtekin, D 2013

FIGHT CLUB – Kinofilm, DB: Jim Uhls, R: David Fincher, USA 1999

FÜHLEN SIE SICH MANCHMAL AUSGEBRANNT UND LEER? – Kinofilm,
DB + R: Lola Randl, D/NL 2017

FUNNY GAMES – Kinofilm, DB + R: Michael Haneke, AT 1997

GAME OF THRONES – TV-Serie, 63+ Episoden, Idee: David Benioff, D.B. Weiss,
USA, HBO, seit 2011

GEGEN DIE WAND – Kinofilm, DB + R: Fatih Akin, D/TR 2004

DIE GELIEBTEN SCHWESTERN – Kinofilm, DB + R: Dominik Graf, D 2014

GUTE ZEITEN, SCHLECHTE ZEITEN – TV-Serie, 6250+ Episoden, D, RTL, seit 1992

HEROES – TV-Serie, 78 Episoden, Idee: Tim Kring, USA, NBC, 2006–2010

HOMELAND – TV-Serie, 72+ Episoden, Idee: Howard Gordon, Alex Gansa,
USA, Showtime, seit 2011

HONIG IM KOPF – Kinofilm, DB: Til Schweiger, Hilly Martinek, R: Til Schweiger, D 2014

HOUSE OF CARDS – TV-Serie, 65+ Episoden, Idee: Michael Dobbs, Andrew Davies,
Beau Willimon, USA, Netflix, seit 2013

IM SCHMERZ GEBOREN – 920. Folge der Krimireihe TATORT, DB: Michael Proehl, R: Florian
Schwarz, D, ARD, 2014

INGLOURIOUS BASTERDS – Kinofilm, DB + R: Quentin Tarantino, USA/D 2009

IN ZEITEN DES ABNEHMENDEN LICHTS – Kinofilm, DB: Wolfgang Kohlhaase,
R: Matti Geschonnek, D 2017

KATHARINA LUTHER – Fernsehfilm, DB: Christian Schnalke, R: Julia von Heinz, D, ARD, 2017

KEINOHRHASEN – Kinofilm, DB: Til Schweiger, Anika Decker, R: Til Schweiger, D 2007

KNOCKIN' ON HEAVENS DOOR – Kinofilm, DB: Thomas Jahn, Til Schweiger, R: Thomas Jahn,
D 1997

KOMMISSARIN LUND – DAS VERBRECHEN – TV-Serie, 40 Episoden, Idee: Soren Sveistrup,
Dänemark 2007–2012

LET THE RIGHT ONE IN – Kinofilm, DB: John Ajvide Lindqvist, R: Thomas Alfredson, Schwe-
den 2008

LES REVENANTS (The Returned, dt.) – TV-Serie, 16 Episoden, Frankreich, Canal+, 2012–2015

LINDENSTRASSE – TV-Serie, Idee: Hans W. Geißendörfer, 1636+ Episoden, 1 Special (1995)
und 5 Sonderfolgen (2006, 2009, 2010, 2012, 2015), D seit 1985

LOLA RENNT – Kinofilm, DB + R: Tom Tykwer, D 1998

LOST – TV-Serie, 121 Episoden, Idee: J.J. Abrams, Damon Lindelof, Jeffrey Lieber,
USA 2004–2010

LOU ANDREAS-SALOMÉ – Kinofilm, DB: Cordula Kablitz-Post, Susanne Hertel, R: Cordula
Kablitz-Post, D 2016

MARIA, IHM SCHMECKT'S NICHT – Kinofilm, DB: Daniel Speck, Jan Weiler,
R: Neele Vollmar, D/I 2009

MARIE CURIE – Kinofilm, DB: Marie Noëlle, Andrea Stoll, R: Marie Noëlle, F/PL/D 2016

MITTEN IN DEUTSCHLAND: NSU – Fernsehfilm-Trilogie, B: Laila Stieler,
R: Christian Schwochow, Züli Aladag, Florian Cossen, D, ARD, 2016

MOONSTRUCK (Mondsüchtig, dt.) – Kinofilm, DB: John Patrick Shanley,
R: Norman Jewison, USA 1987

MORDKOMMISSION ISTANBUL – Fernsehfilmreihe, 14+ Episoden,
Idee: Hülya Özkan, D 2008

MORD MIT AUSSICHT – TV-Serie, 39 Episoden, Idee: Marie Reiners,
D, ARD, 2007–2014

MULHOLLAND DRIVE – Kinofilm, DB + R: David Lynch, USA/F 2001

NARCOS – TV-Serie, 20+ Episoden, Idee: Carlo Bernard, Chris Brancato, Doug Miro,
USA, Netflix, seit 2015

NEU IN UNSERER FAMILIE – ZWEI ELTERN ZUVIEL – Fernsehfilm-Zweiteiler,
DB: Daniel Nocke, R: Stefan Krohmer, D, ARD, 2017

OSTWIND – Kinofilmreihe, 3 Episoden, R: Katja von Garnier, D 2013, 2015, 2017

PAULA – Kinofilm, DB: Stefan Kolditz, Stephan Suschke, R: Christian Schwochow, D 2016

PHOENIX – Kinofilm, DB: Christian Petzold, Harun Farocki, R: Christian Petzold, D 2014

PULP FICTION – Kinofilm, DB: Quentin Tarantino, Roger Avary,
R: Quentin Tarantino, USA 1994

RAMMBOCK – Spielfilm, DB: Bejamin Hessler, R: Marvin Kren, D 2010

RETURN OF THE JEDI (Star Wars Episode VI) – Spielfilm, DB: Lawrence Kastan, George Lukas,
R: Richard Marquand, USA 1983

REQUIEM – Kinofilm, DB: Bernd Lange, R: Hans-Christian Schmid, D 2006

RICO, OSCAR UND ... – Kinofilmreihe, 3 Episoden, Deutschland, seit 2014

ROGUE ONE: A STAR WARS STORY – Kinofilm, DB: Chris Weitz, Tony Gilroy,
John Knoll (Story & Idee), Gary Whitta (Story), R: Gareth Edwards, USA 2016

ROSENHEIM COPS – TV-Serie, 383+ Episoden, D, ZDF, seit 2002

SCHULD NACH FERDINAND VON SCHIRACH – TV-Reihe, 9 Episoden,
R: Hannu Salonen, Maris Pfeiffer, D 2014, 2016

SHERLOCK – Krimiserie, 13 Episoden, Idee: Steven Moffat, Mark Gatiss, GB seit 2010

SHERLOCK HOLMES – Kinofilm, DB: Michael Robert Johnson, Anthony Peckham, Simon
Kinberg, Lionel Wigram, R: Guy Ritchie, USA/D/GB 2009

SOKO – TV-Serie, D, ZDF/ORF, seit 1978

SPREEWALDKRIMI – TV-Serie, 9+Episoden, DB: Thomas Kirchner, D, ZDF, seit 2006

STAR WARS – Kinofilmreihe, 8 Episoden, Idee: George Lucas, USA seit 1977

STAR WARS: THE FORCE AWAKENS (Das Erwachen der Macht) – Kinofilm,
DB: Lawrence Kasdan, J.J. Abrams, Michael Arndt, R: J.J. Abrams, USA 2015

STAR WARS GALAXIES – AN EMPIRE DIVIDED – Videospiel,
Sony Online Entertainment, 2003

STRALSUND – Krimiserie, 10+ Episoden, Idee: Martin Eigler, Sven S. Poser,
D, ZDF, seit 2009

STROMBERG – Der Film – Filmkomödie, DB: Ralf Husmann, R: Arne Feldhusen, D 2014

TATORT – Fernseh-Kriminalreihe, 1025+ Episoden, D/A/CH, ARD, ORF, SRF, seit 1970

THE AFFAIR – TV-Serie, 22 Episoden, Idee: Sarah Treem, Hagai Levi,
USA, Showtime, seit 2014

THE CROWN – TV-Serie, 10+ Episoden, Idee: Peter Morgan,
GB, Netflix, seit 2016

THE DARK KNIGHT – Kinofilm, DB: Christopher Nolan, David S. Goyer, Jonathan Nolan,
R: Christopher Nolan, USA/GB 2008

THE GET DOWN – TV-Serie, 11 Episoden, Idee: Baz Luhrmann, Stephen Adly Guirgis,
USA, Netflix, 2016–2017

THE OFFICE – TV-Serie, 14 Episoden, Idee: Ricky Gervais, Stephen Merchant,
GB 2001–2003

THE RETURNED – TV-Serie, 10 Episoden, Idee: Carlton Cuse, USA, R&E, 2015

THE SOPRANOS – TV-Serie, 86 Episoden, Idee: David Chase, USA, HBO, 1999–2007

THE TWILIGHT ZONE – TV-Serie, 275 Episoden, Idee: Rod Serling, USA 1959–2003

THE WALKING DEAD – TV-Serie, 83 Episoden, Idee: Frank Darabont, Robert Kirkman,
Tony Moore, USA, AMC, seit 2010

THE WIRE – TV-Serie, 60 Episoden, Idee: David Simon, USA, HBO, 2002–2008

TONI ERDMANN – Kinofilm, DB: Maren Ade, R: Maren Ade, D/A 2016

TRANSPARENT – TV-Serie, 20 Episoden, Idee: Jill Soloway,
USA, Amazon Instant Video, seit 2014

TRUE DETECTIVE – TV-Serie, 16+ Episoden, Idee: Nic Pizzolatto, USA, HBO, seit 2014

TSCHILLER: OFF DUTY – Kinofilm, DB: Christoph Darnstädt, R: Christian Alvart, D 2016

TWIN PEAKS – TV-Serie, 46 Episoden, Idee: David Lynch, Mark Frost, USA,
ABC, 1990–1991, 2017

UNSERE MÜTTER, UNSERE VÄTER – TV-Reihe, 3 Teile, DB: Stefan Kolditz,
R: Philipp Kadelbach, D, ZDF, 2013

VERTIGO – Kinofilm, DB: Samuel A. Taylor, Alec Coppel, Maxwell Anderson,
R: Alfred Hitchcock, USA 1958

VIER MINUTEN – Kinofilm, DB + R: Chris Kraus, D 2006

VOR DER MORGENRÖTE – Kinofilm, DB: Maria Schrader, Jan Schomburg,
R: Maria Schrader, D/F/A 2016

WEINBERG – TV-Miniserie, 6 Episoden, Idee: Arne Nolting, Jan Martin Scharf, Philipp Steffens, D, TNT, 2015

WESTERN – Kinofilm, DB + R: Valeska Grisebach, D/BUL/A 2017

WHO AM I – KEIN SYSTEM IST SICHER – Kinofilm, DB: Baran bo Odar, Jantje Friese, R: Baran bo Odar, D 2016

WILLKOMMEN BEI DEN HARTMANNS – Kinofilm, DB + R: Simon Verhoeven, D 2016

YOU ARE WANTED – TV-Serie, 6 Episoden, Idee/B: Richard Kropf, Hanno Hackfort und Bob Konrad, R: Matthias Schweighöfer, D, Amazon, 2017

ZIMMER 108 – TV-Serie, 10 Episoden, DB: Bert Van Dael, Sanne Nuyens, Benjamin Sprengers, Kaat Beels, Nathalie Basteyns, R: Nathalie Basteyns, Kaat Beels, BE, Eén, seit 2017

ZWEIBETTZIMMER – Kinofilm, DB: Astrid Ruppert, R: Isabel Kleefeld, D, ZDF, 2017

Aus Freude am Denken!

Schriften zu dramaturgischen und filmwissenschaftlichen Aspekten

OLIVER SCHÜTTE

FERNSEHEN IST TOT – ES LEBE DAS GESCHICHTEN-ERZÄHLEN

Ausblick auf Film und Fernsehen im Jahr 2020

MIT UPDATE OKTOBER 2017

Erhältlich als Print **6,99 €** oder ebook **2,99 €**

master school drehbuch ■■■ EDITION ESSAY

master school drehbuch ■■■ EDITION

Aus Freude am Denken!

Schriften zu dramaturgischen und
filmwissenschaftlichen Aspekten

EVA-MARIA FAHMÜLLER

GENIALE PSYCHOPATHEN – LABILE KOMMISSARE

Figuren mit psychischen
Störungen im aktuellen
deutschen Krimi

Erhältlich als
ebook bei allen
Buchhandelsportalen
im Internet

2,99 €

master school **drehbuch** ⬛⬛⬛ **EDITION** ESSAY

Aus Freude am Denken!

Schriften zu dramaturgischen und filmwissenschaftlichen Aspekten

ANTONIA ROELLER

KARRIERESÜCHTIG, MACHTVERSESSEN, EINSAM?

Die Darstellung weiblicher
Führungskräfte in Film
und Fernsehen

master school drehbuch ●●● EDITION ESS

ANTONIA ROELLER

DIE PRINZESSIN ERWACHT

Moderne Märchenheldinnen
in Film und Fernsehen

master school drehbuch ●●● EDITION ESSAY

master school drehbuch ●●● EDITION

Zum Thema

Peter Vignold
**Das Marvel Cinematic Universe –
Anatomie einer Hyperserie**
Theorie, Ästhetik, Ökonomie
176 S. | Pb. | zahlr. Abb. | € 19,90 |
ISBN 978-3-89472-970-7

Das seit 2008 kontinuierlich expandierende Marvel Cinematic Universe gilt als das kommerziell erfolgreichste Filmfranchise der Gegenwart. Was aber ist ein Cinematic Universe und wie unterscheidet es sich von einer herkömmlichen Fortsetzungsserie im Kino?
„Es geht ihm um etwas, was er mit Fug und Recht als Paradigmenwechsl in Hollywood beschreibt; seine Arbeit ist deswegen auch nicht nur für Fans des MCU interessant."
FILMDIENST 13/2017

Universitätsstr. 55 · D-35037 Marburg
Fon 06421/63084 · Fax 06421/681190
www.schueren-verlag.de

Zum Thema

Alexander Schlicker
Autor – TV-Serie – Medienwandel
(De-)Figurationen serieller Autorschaft
352 S. | Pb. | € 38,00
ISBN 978-3-89472-978-3

Serien folgen als flexible Medienangebote einer Logik und Profilierung permanenter Selbstoptimierung ihres Angebots. Kontemporäre Serien wie *The Newsroom, CSI, House of Cards, Hannibal, Scandal, Castle* oder *The Wire* erzählen immer wieder vom Einfluss des Seriellen sowie ihren gesellschaftspolitischen oder medienhistorischen Rückkopplungseffekten und inszenieren dabei verschiedene Figurationen von Autorschaft, die in dieser Studie in ihrer umfassenden Bedeutung für die kontemporäre Medienkultur ausgeleuchtet werden sollen.

Universitätsstr. 55 · D-35037 Marburg
Fon 06421/63084 · Fax 06421/681190
www.schueren-verlag.de

Lustige Postkarten

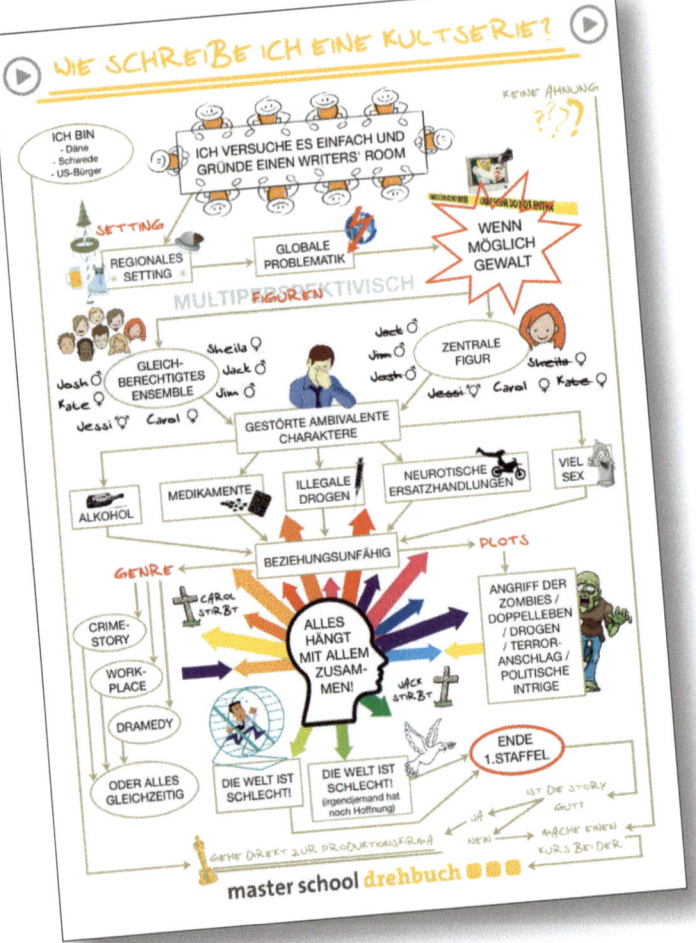

Legendär sind unsere »Lustigen Postkarten«, die wir mit großem Vergnügen entwickelt haben. Sie können diese und andere bei der Master School Drehbuch kostenfrei bestellen: www.masterschool.de

master school drehbuch ● ● ●